職場法則系列

超圖解談判術

速溶綜合研究所 著

U0106881

非凡出版

總序

不論你是學生，或者剛踏入職場的新人，我相信你都曾經遇到這種情況：學校老師或上司交辦你幾件事，你做好記錄，然後埋頭便開始工作。為了快點做完，你幾乎沒有向上司或老師匯報進度。在整個過程中，你也很少與別人溝通，更別說仔細思考怎麼做才能更效率。

結果，你好不容易趕在截止日期之前完成了任務，但得到的回覆，很可能是老師或上司的不滿——因為沒有和別人溝通、請教，以致工作出錯也沒有人發現。

問題到底出在哪裏呢？時間管理不行？工作方法不對？……

針對這個問題，這套書提出了一個簡潔有效的「解決問題三步法」：提出問題（What）、分析問題（Why）、解決問題（How）。

面對問題，如果你善用這個三步法，絕大部分的問題都可以迎刃而解。這個解決問題三步法，是在訓練你的邏輯思考

力。按照這個三步法，你接到任務以後，首先該做的不是立刻執行，而是花時間對任務進行解讀。三步法是這樣操作的：

1. 提出問題（What）：對於他人交辦的事情，你與對方溝通並確認了具體的任務目標是甚麼嗎？

2. 分析問題（Why）：你需要花多長時間完成任務？對於應該先做甚麼、後做甚麼，你有時間管理的意識嗎？完成任務需要動用甚麼資源？可以找哪些同事合作？你的人際協調能力和職場交涉能力過關嗎？

3. 解決問題（How）：在紮實做好前兩步的基礎之後，再開始具體執行。別小看上面這個過程，無論是對大項目還是小問題，這三步都行之有效。職場比拼的永遠是一個人的綜合實力，光是單一技能是不足夠的。

給你一套職場指南

一個人在職場中的時間大約為四十年，考慮到現在人類更長壽了，工作時間可能會增加到五十年甚至六十年。有些人重複做一項工作十年都沒有進步，有些人工作一年，比別人工作十年積累的經驗還要多。

我喜歡總結與反思，每處理完一件事情，我都會不斷停下來審視自己的不足，並思考如何改進。很多時候我會寫下

來——寫作有利於思考，有利於沉澱，有利於發現不足，更有利於逐漸找到答案。

這本書不僅對職場新人非常有幫助，對我這種工作了十多年的人也依然有很大幫助——尤其是整本書有圖解示範，閱讀起來更加輕鬆，也使我對職場類書籍有了新的認識，並不是所有的職場類書籍都過於乾澀、難讀。

事實上，每一次職場調動，或者每一次新挑戰，都會讓我們回到一個新的起點，再次成為職場新人。

我很喜歡這套書的編排方式。每個單元開頭都是先由一位職場新人提問，然後書中的 Dr. Benjaman 會給出一個概括性的回答。緊接着，作者便開始介紹相關概念和理論，再用圖解的方式將其具體解釋清楚。整個過程非常生動，而且一目了然。最精妙的設計是，在每個章節結尾部分，作者都會提供一項 Tips，讓讀者知道自己是否真的掌握了這些技能。

帶你進入一個真實的職場

我喜歡這套書還有一個原因，它為讀者再現了一個真實的職場，一次過呈現了上百個常見的職場問題，並且都非常「貼地」，學完就可以運用。

如果我們把進入職場看作就讀一所「大學」的開始，那

麼對我們來説最重要的是甚麼呢？毫無疑問是學習和成長。上學的時候，你可以聽教授授課、去圖書館、跟室友討論，到了職場中，幾乎身邊的每一個人，包括同事、上司，甚至你的客戶、展會上認識的行業夥伴，都可以成為你的老師和指路人。

對於新入職員工的培養，日本的公司往往採用師徒制。如果你的公司也有這樣的制度，那再好不過了；如果沒有，那我強烈建議你主動給自己尋找一位導師，如果暫時還沒有找到的話，你就先把 Dr. Benjaman 當成你的導師吧。相信我，他真的非常睿智。

所以，這是一本適合你隨時翻閱的書，它可以幫助你隨時開啟和 Dr. Benjaman 的對話。快去閱讀吧，書中還藏着非常多的小驚喜，等你慢慢去發現。

「寫作訓練營」創始人

師北宸

人物介紹

──速溶綜合研究所──

速溶綜合研究所是一所由各方超級專家和研究員組成的研究機構，專門研究社會與經濟等方面問題，並為有這方面困擾的人們提出解決方案。

此次，一家蔬菜批發公司邀請了研究所的 Dr. Benjaman，來幫助員工解決對外的職場交涉問題，通過提高員工的交涉能力來為公司獲得更多的發展機會。是甚麼問題困擾着那裏的員工呢？ Dr. Benjaman 和助手 Kiko 能否順利解決所有問題？

Dr. Benjaman

社會學者｜性別：男｜年齡：55 歲

速溶綜合研究所的研究員，專攻社會學。常年帶着助手到不同的地方去考察，現在每週兩次到蔬菜批發公司研究和解答相關課題。

Kiko

Dr. Benjaman 助手｜性別：女｜年齡：25 歲

Dr. Benjaman 的得力助手。由於曾經當過新聞記者，所以對於確認事實特別執着，最近跟着博士出入蔬菜批發公司，負責記錄員工們在進行「職場交涉」的過程中遇到的問題，並幫助大家制訂解決方案。

Oliver

性別：男｜年齡：24 歲

蔬菜批發公司市場部的新入職員工，性格開朗、不拘小節，但做事總少一根筋。在處事時常因粗心大意、考慮不周而犯錯。

Lara

性別：女｜年齡：23 歲

和 Oliver 同一時期入職蔬菜公司的客服部員工，為人內向害羞、做事細心、待人友善，同時非常勤力，不介意加班工作。她想像力豐富，對於蔬菜的各種知識感到無比好奇。

蔬菜君

性別：不詳｜年齡：幼齒

在 Oliver 和 Lara 所在的蔬菜批發公司裏，住着許多神秘生物——蔬菜君。它們樣子可愛，喜歡跟在業務員們的身邊，幫助他們進行蔬菜批發。

目 錄

1 | 職場交涉的 **基本理論**

2 | 交涉前期的 **準備工作**

3 | 如何達成最佳的 **談判**

目　錄

5 | 助交涉一臂之力的 **辯論知識**

6 | 職場交涉心理測驗 **Ready? Go！**

176

第 **1** 章

職場交涉的
基本理論

交涉就是相互協商，解決問題。初入職場，很多人會把與人交涉想像成是可怕的事。第一次代表公司去談生意，你會因為壓力大而感覺到焦慮嗎？作為新人，不了解職場交涉的基本準則和技巧？

今天就調整心態，勇敢地進行交涉吧！掌握職場交涉技能，讓你走進不一樣的職場世界！

LESSON

1

面對交涉有壓力？

> 交涉所產生的焦慮，
> 能轉化成提升個人能力的動力！

為甚麼面對交涉，我們會產生壓力？是不是我的個人交涉、交際能力特別差？我們可以迴避這種壓力嗎？

與他人交涉感到有壓力的情況，其實並不可怕，這只是我們內心面對交涉所產生的心理應激反應，我們不僅不能迴避，還應該勇敢面對。因為交涉能力的提升正是在打敗壓力的過程中練成的。

交涉前有壓力、交涉時感到困惑而不知如何作出決定，甚至不時因為對方的勸說而出現動搖，被對方牽著鼻子走等，這些情況是不是說明我們的心理太過脆弱？

其實不是，這種壓力在每個人的身上或多或少都存在，只要講求方法、勇於實踐，提升交涉能力，就能緩解這種壓力，使交涉過程更加順利。

理性地應對交涉前的不安感

如果我們在交涉開始之前感到不安，甚至覺得緊張，我們首先要從心理上進行自我調整，告訴自己：「其實大家都會遇到這種情況，自己不是特殊的！」不要小看這種心理調整，**交涉開始前的心理壓力如果得不到及時疏導，很可能會不斷加重，甚至影響我們交涉時的表現。**

Lara 就出現了交涉前焦慮的狀況。她害怕因為自己不善於與客戶打交道而導致交涉失敗，讓客戶對自己甚至公司產生負面印象。一想到這個結果，她就更緊張了。

其實，Lara 犯了一個錯誤，即一開始就為自己的緊張預設負面結果。其實緊張情緒也可能會帶來意想不到的正面效果，當緊張情緒被控制在合理範圍之內時，往往能敦促雙方將注意力更集中在討論事項上，減少了很多猜度、離題的情況。

懸疑大師希治閣（Alfred Hitchcock）講過：「真正的恐懼是恐懼本身。」總而言之，我們需要明確一點：交涉前的緊張，大家都會有。唯一的分別，是有的人會將這種緊張放大，而有的人能很好地舒緩這種情緒。

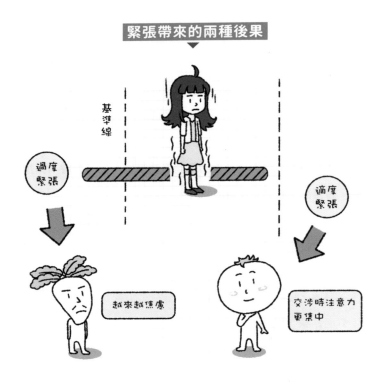

緊張帶來的兩種後果

基準線

過度緊張

適度緊張

越來越焦慮

交涉時注意力更集中

:: 交涉過程中需要高度集中注意力 ::

交涉是一項需要高度集中注意力的活動，因為交涉的過程是連續、隨時可變的，因此會消耗我們大量的精力。而一兩個片刻的恍神，就很容易讓我們錯過重要資訊，甚至陷入被動。所以不管我們的交涉能力是否達到了令自己滿意的程度，我們都要做到高度集中注意力，先抓準交涉中的重要元素，而後再思考如何應對。

請記住，將注意力集中在交涉內容本身，是取得良好效果的基礎。

:: 合理「偷步」可適當減輕壓力 ::

因為交涉中會涉及各方面的內容，正如前面所提及的，交涉的過程隨時可變，面對層出不窮的新資訊、新內容，事事考慮愈周全當然愈好，但交涉節奏和時間並不允許我們對每一個環節都進行面面俱到的考慮。因此，我們可以選擇適當地「偷步」。

所謂適當地「偷步」是指對於一些可預知的內容進行提前準備。比如，Lara 與客戶進行初次交涉前，心理壓力特別大，其實她可以通過抽取提案中具備共性的內容進行提前準備。比

方說項目的前景、預期收益等，這些都是每一項合作中必然涉及的內容。提前準備好了，就可以留出精力去應對臨時出現的狀況了。

職場筆記

　　交涉前會緊張是一種十分正常的情緒表現，我們應該理性地對待它並且盡量發揮緊張情緒的正面效應。合理地利用緊張情緒能讓你在交涉過程中更加集中，更有利於交涉的進行。如果想有效地減少緊張感，不妨在交涉前做足準備！

對交涉的誤解

> 誤解了交涉會影響事情的成效，
> 亦損害自己的溝通能力。

我們都知道職場交涉很重要，借助有效的交涉技巧，能更好地實現自己的職場目標。可實際操作中，自己的交涉力運用起來卻「捉襟見肘」，難道交涉真有這麼難嗎？

我們之所以在職場中時常碰壁，一方面是我們需要系統性地提高交際能力；另一方面是我們對交涉本身存在一定的誤解，這種誤解必然會影響談判成效。所以，我們應該糾正對職場交涉的一些誤解。

交涉，存在於職場的各方面，大至提案合作上的商務洽談，小至簡單的團隊成員工作協調，都是一種交涉。因此，正確地理解交涉的含義，擯除誤解，不僅有助於提升交涉力，更是提升職場能力的重要一環。

化解對職場交涉誤解的方法

及時對「交涉對手」的狀況進行分析

不要「過於考慮」自己的利益

合作的最佳狀態是雙贏

然而生活中，對於交涉的誤解有不少，最常見的有三種：**交涉前的準備工作沒有用處、交涉中「過於考慮」自己的利益、交涉結果要有絕對勝負之分。**下面我們就來看看這些誤解的具體表現及糾正方法。

隨機應變最重要

有些人認為，職場交涉是一個動態的過程，我們無法預知交涉過程中會發生甚麼事，所以事前準備顯得很多餘。但與他人交涉，是一種帶有目的性的溝通方式。事前準備工作的作用，就在於能夠先明確此次交涉的目的，這是保證交涉成功的非常重要的因素。

正所謂**「凡事預則立，不預則廢」**。必要的事前準備工作能幫助我們在交涉開始前，先對事件和對方有初步的了解和掌握。交涉的雙方往往帶有爭取最大利益的目的，如果是商務場合的交涉，那麼這個企圖就更明顯了。在這種情況下，相信沒有哪個客戶會樂意跟完全不了解自己、不了解相關情況的人合作。因此，想要提升交涉的成效，事前的準備工作非常重要。

交涉中「過於考慮」自己的利益

在洽談合作事項時，我們很容易陷入一種誤區：不斷地圍繞我們自身的利益談論問題，而忽略對方的利益。這樣過於執着於自己的利益，不僅會給交涉另一方帶來「愛鑽牛角尖」的壞印象，而且可能導致交涉過程難以深入，進而導致交涉失敗。

職場交涉一定要達到自己利益的期望值，這樣的觀念應該被拋棄。我們應該在交涉開始前為自己設定一個原則，或者說底線，這種做法無可厚非，但卻非放諸四海而皆準。一旦交涉局面出現轉變，我們應該做的是適時變化，隨時根據交涉的實際情況來調整自己的預設。

「交涉，就一定要分出個勝負」

不少人將交涉等同於辯論，認為這是一場非此即彼的博弈，存在絕對勝負。其實交涉過程往往沒有一個明確的勝負基準，不能說你完全達到自己的目標才是勝利。**即使沒有實現預期目標，能收穫對方的信任也可以算是一種勝利。**

Oliver 因為無法跟一個經銷商簽訂下一季度的蔬菜訂單而垂頭喪氣，他認為自己不拿下訂單的話，那麼長達一個月的交

涉都白費了，自己就是徹底輸了。Oliver 對於交涉結果一直耿耿於懷，這件事甚至還影響到了他的工作效率。其實，Oliver 對於交涉結果存在兩個方面的誤解。一方面，一方獲利並不代表另一方就得虧損，合作的最佳狀態應該是雙贏。因此，Oliver 認為無法達成合作則是客戶贏了，這是個錯誤的看法。另一方面，Oliver 也沒有「輸」，因為雖然 Oliver 這一次並沒有跟客戶達成合作，但是倘若 Oliver 能在沒有合作的情況下依舊與客戶保持良好的聯繫，使客戶對 Oliver 有很好的印象，那麼在後續的其他項目中，只要時機合適，客戶還是有可能向 Oliver 尋求合作機會的。

職場筆記

　　我們不能認為達到自己的預想就是勝利，無法達到自己的預想就是失敗。交涉事關雙方，除了立場、利益等因素，雙方對彼此的印象也非常重要。因此，交涉的最佳狀態是形成雙贏局面，讓彼此都有收穫，而非絕對的一勝一敗。

LESSON

3

職場交涉的基本原則

> 掌握職場交涉的基本原則，
> 能夠讓事情事半功倍！

交涉對於一個人的工作和生活都影響很大，那麼是否有讓我們愈戰愈勇的竅門呢？

交涉是一個雙方博弈的過程，具有可變性、隨機性，沒有任何一門現成的法則可以保證成功，但我們可以通過掌握交涉的幾項基本原則，提升交涉成功的概率。

在交涉過程中，由於我們需要與對方進行交流，而且我們無法全面掌握對方對交涉內容的具體看法，亦無法明確交涉中可能涉及的全部內容，因此，**我們能做好的是，掌握對交涉成效有重要影響的基本原則，以不變應萬變。**

交涉未動「糧草」先行之事前準備原則

Lara 是個內斂細心的客服部員工，所以哪怕是和同行進行簡單的溝通，她都會先做好準備，了解對方客戶的業務情況、客戶的立場，做好筆記，想好如何應對。而 Oliver 作為市場部的員工，對此不大認同，他認為凡事要隨機應變，過於側重事前準備，容易讓自己變得死板。但 Oliver 所說的隨機應變是一種高階版的能力體現，職場新人如何保證隨機應變萬無一失呢？做足準備雖然無法應對所有情況，但對提升交涉成效有利無害。

儘管我們無法在交涉開始前全面掌握對方的動態，但盡量充足的準備總能讓我們更好地把握和應對交涉中可能出現的各種情況，提升交涉效果的堅實基礎。尤其對於交涉能力有待提高的人而言，準備的完善程度和交涉時臨場表現的優良程度成正比。

容易取得效果之邏輯原則

不知道大家有沒有發現，我們在看一些辯論節目時，那些能夠吸引我們注意力，尤其是那些能讓我們信服的話語，往往是具有強大的邏輯性。所以，如果你的觀點邏輯性足夠強大，能打破對方設置好的思維框架，就能讓交涉的對方信服我方的觀點，這很有可能是成功的開始。所以說，任何想要取得成效的交涉說辭都需要具備邏輯性，富含邏輯。

用邏輯來說服對方

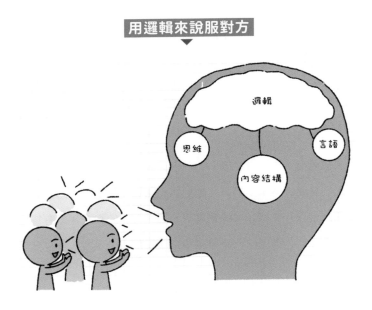

這種交涉的邏輯反映在兩方面：其一是作為主導方，我們要根據自身目標，設定並配以恰當的、更容易讓人信服的內容結構，讓對方進入我們預設的框架；其二是作為受眾方，我們需要分析對方的邏輯是否和自身的利益相契合，如果對方的邏輯不符合自己的利益，我們就要從思維、言語等方面表明自身的立場，不能糊裏糊塗地接受與自身利益相反的邏輯，並跟着對方的邏輯走。

∷ 聚焦在交涉目標 ∷

交涉不等於「吹水」，我們之所以要進行交涉，是因為雙方都需要就某一個事項達成一定的共識，或者減少分歧。簡單來說，**交涉是一個雙方利益磨合的過程。因此，交涉時我們應該聚焦在利益上。**

與上游蔬菜供應商進行交涉時，Oliver 的目的是以氣候不好、品質一般為理由，讓對方降低供貨價，而對方的態度則是不降價。在交涉過程中，供應商提出可以以介紹下遊客戶的方式作為條件，誘導 Oliver 答應加價 2%。Oliver 正琢磨着，突然想到「介紹客戶」是未知利益，只是潛在的可能市場，而本次交涉的主要目的在於降價，這才是主導性利益。於是，Oliver 堅持己見，與客戶繼續洽談，最終達成目的。

交涉過程涉及多個環節和內容，我們的思維也可能會因為協議事項眾多而分心，由此造成結果和預想大相徑庭的現象也屢見不鮮。想要避免這種情況，最根本的方法是始終以自身利益為主導，緊緊聚焦在交涉目的上，以自身利益為重點，事事圍繞自身利益得失去考量，不要被對方的思路牽着走。

職場
筆記

事前準備、講求邏輯以及利益主導這三大交涉原則，是促進我們交涉取得成效的基礎原則。我們需要在日常交涉中靈活運用這三大原則，並且做到每次交涉之後做好筆記，不時總結經驗，以此提升自身的交涉技能。

為甚麼一直讓步？
警惕錨定效應

> 交涉中要警惕對方給你設下的錨定效應，
> 避免一直作出讓步和妥協。

各種交涉中，為甚麼我們有時候會被對方牽着鼻子走，不停地作出讓步？是我們自身的知識不夠專業嗎？

在交涉中一直作出讓步，不是因為你的專業知識不夠，可能是你「掉進」了對方的心理圈套，陷入了錨定效應且在不經意間被動地做出了臨時的非理性決定。

我們在交涉中會產生一種心態：如果對方提出較高的要求，我們可能會條件反射般拒絕，而面對我們的拒絕，對方可能會順勢將要求降低，這時我們會覺得自己扳回一城，於是就答應了對方的「較低要求」。如果來個「賽後檢討」，我們會發現對方的「較低要求」其實也應該拒絕的。對方當時之所以成功，是因為在交涉中運用了錨定效應。

警惕錨定效應，不要做出即時回應

Lara 正透過 WhatsApp 和一位相熟的客戶進行交涉，客戶突然提出了希望蔬菜進貨價整體下降 8% 的要求。Lara 第一反應就是這個降價幅度太大了，難以接受。然後客戶就提出：「那麼，降價 3% 吧，如何？」Lara 心想：「降價 3%，比降價 8% 好太多了！」正打算答應客戶之際，Lara 的腦中突然想起了錨定效應理論，陷入思考：「降價是我自己的預期嗎？當然不是，這是客戶的要求。可是我為甚麼險些答應了降價呢？」Lara 之前的反應，正是錨定效應在作祟。

錨定效應是指當我們獲得某些資訊的時候，我們的思維因為第一反應而被限制在這些資訊中，並不由自主地跟着這個思路走，從而做出不符合自身利益的非理性決定的一種現象。

在上例中，因為對方首先提出了較大的降價幅度的要求，

錨定效應

讓 Lara 的思路不由自主地進入了「降價」這個框架之中，同時大幅度的降價要求讓 Lara 心理上受到出乎意料的衝擊。接着，客戶將降價幅度大幅下調，讓 Lara 覺得客戶做出了非常大的讓步，自己也應該從中妥協。但其實，降價本身就不是 Lara 這次交涉的目標，她如果衝動地根據當時的第一反應來做判斷，必然會使交涉成效偏離自己的目標。

所以說，任何時候進行交涉，我們都要警惕錨定效應，不要急於根據自己的第一反應做出即時回應。

░░ 對方拋出錨時轉移話題 ░░

　　針對客戶的降價要求，應該如何得體又不失禮貌地回絕呢？這時 Lara 可以嘗試轉換話題，提出自己想要討論的問題，遠離客戶拋出的「錨」。於是，Lara 轉而問客戶上一次蔬菜供應的事宜。果然，客戶很快就放棄了降價的話題，對新問題做出了回應。

　　及時轉移話題的精髓在於，將話題重點從對方拋出的「錨」上，轉移到自己想要談及的話題之上，這樣做的好處有兩個：一是可以擺脫錨定效應，不讓自己陷入對方設定的框架中；二是可以婉轉地回絕對方提出的要求，避免處於被動位置。

職場筆記

　　錨定效應可謂無處不在，所以在交涉中我們要養成警惕錨定效應的習慣，凡事不要根據第一反應做決定，要多思考再回答。當遇到錨定效應時，要及時轉移話題。同時可以做好事後總結，以提醒自己以後要對此多加留意。

LESSON

5

善用演繹法為交涉 「抽絲剝繭」

❝ 交涉的時候多用演繹法，
可以助你從前提上理順思緒、提升成效。 ❞

為甚麼有時候在日常交涉中，即使做足了事前準備工作，過程中也有高度集中注意力，並且會善用各種交涉技巧及原則，但依然會交涉失利，難以獲取利己成效呢？

交涉之中，推論無處不在。對交涉內容和所需判斷，一旦採用了不利於自己的規則進行推論，那麼就容易因為推論基準的偏頗而導致判斷失誤，影響交涉成效。

推論，存在於交涉的各個環節。這樣說或許很抽象，但我們可以細想一下，簡單如與同事進行關於工作分工的交涉，其實都涉及推論。比如，考慮同事是否適合這樣的分工，考慮對方是否會滿意或是否會以各種理由反駁等。所以說，從交涉一開始我們就要有推論意識，並且要以適合己方利益、有利於己方的規則基準進行推論。

找對推論基準，規避錯誤法則

每一個推論都有與之相對應的基準與規則，它們是否適合己方利益，直接影響推論結果，進而影響交涉成效。Oliver 在上次與客戶的失敗交涉中，認為自己降價 3%，客戶就會答應繼續合作，可客戶卻回絕了下一期的蔬菜訂單計劃。當時客戶認為，Oliver 公司的供應品種不符合自己餐廳的定位要求。其實 Oliver 這次交涉失敗的主要原因是推論基準及規則出現了問題。Oliver 的目標是與客戶繼續簽訂合作協議，針對客戶的餐廳特色及市場定位，他的正確推論基準應該是「專門挑選符合客戶需求的蔬菜種類」來吸引客戶，而不是用「降價」來吸引客戶。

Oliver 的問題，就是一種以錯誤的基準進行推論從而影響交涉成果的例子。交涉中，**我們首先要設定好自己的目標，然**

後針對目標分析對方可能會拒絕我們的原因，並做出應對計劃。如果像 Oliver 那樣，從源頭上錯判了對方的拒絕原因，很可能導致整個推論出現偏頗，從而影響交涉質量。

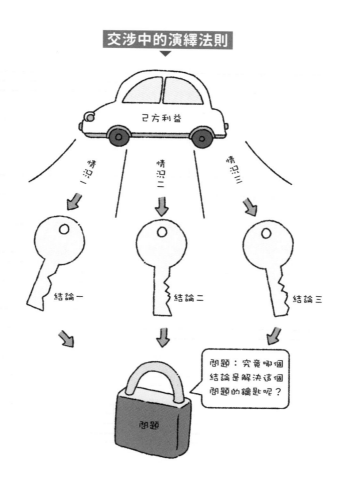

交涉中的演繹法則

己方利益

情況一

情況二

情況三

結論一

結論二

結論三

問題：究竟哪個結論是解決這個問題的鑰匙呢？

問題

⁝⁝交涉以利己為大前提，以實際為落腳點⁝⁝

真正有效的推論需要善用演繹法則。演繹法則是指從有利於自身利益的基準出發，圍繞這個利己規則推算出可能會出現的各種情況，並最終得出結論。這分為兩個步驟。**其一是確立適合己方利益的推論基準與規則。**正如上文所提及的，利己規則首先需要明確自己的目標，然後再圍繞這個目標，設定有助於實現這目標的推論規則。通俗地說，如 Oliver 的目標是「對方繼續回購」，就此目標，他所有的規則應該以此為大前提。

其二是在這個利己規則的基礎上，推論出可能會出現的實際情況並做出分析應對。Oliver 明確自己的目標之後，就應該針對性地推論出「對方回購的原因」或「對方不回購的原因」，然後根據這些可能會出現的實際情況做出應對，在與客戶交涉前就打好腹稿，想好應對之策。

⁝⁝演繹法助你明確判斷基準⁝⁝

或許有人會認為，交涉過程中的推論可以靠臨場發揮，但實際上，正確的演繹法能助你減少不必要的推論誤差。因為演繹法能幫助我們在正式交涉前先明確自己的價值、目標和立場。演繹法，是一種提前擬訂適合己方利益的基準和規則，並

以此推導出交涉環節可能會出現的情況的法則。

簡而言之，演繹就是一種思維上的預演，不僅能幫助我們理順頭緒，更能讓我們在這次預演中明確自己的立場及價值基準在哪裏，避免臨場發揮中由於主客觀因素影響深入思考，進而使最終成果偏離自己的預設立場和價值基準。

職場
筆記

演繹法講求的是根據自身目標和利益，冷靜分析自己的立場及價值基準，就各種可能出現的實際情況做出推論並想好應對之策。思考對應策略的時候，要特別注意避免錯誤法則，避免違背己方利益的思路，避免源頭上的「錯判」。

活用邏輯思考
為交涉帶來成功

善用邏輯進行交涉，
就可輕鬆獲得成功！

大家都知道交涉中講究邏輯比毫無章法要有效得多，但「邏輯」這個詞甚為抽象，亦不好掌握。其實，邏輯看似抽象，但實用性很高，因為邏輯有其主體構成要素，以及高效的使用方法。只要掌握竅門，那麼邏輯活用就並非遙不可及。

想要在交涉中運用邏輯、活用邏輯，首先，我們要分析邏輯的構成要素，這是活用邏輯的基礎；其次，我們要講究邏輯的運用方法；最後，我們要了解邏輯的運用技巧。

邏輯的全方位構成：主張、根據和資料

Lara 最近在與客戶的交涉中連連失利，其癥結在於交涉邏輯混亂。在與客戶的交涉時，一會兒說蔬菜品種，一會說半

成品供應，根本無既定邏輯可言。在 Lara 的印象中，交涉就應該是自然的一問一答。其實，交涉當然不只是一問一答那麼簡單，Lara 在交涉中表現出來的邏輯混亂，説明其思路不清晰。當她提及蔬菜品種的時候，客戶的思路會朝着蔬菜品種的方向去想，而這時候 Lara 卻話鋒一轉，轉而談及半成品供應，這樣客戶的思路又跳出了蔬菜供應，來到半成品供應上。這樣毫無章法的邏輯，容易讓客戶混淆，也容易讓交涉失去重點。

邏輯對於我們的交涉成效至關重要，因為邏輯性愈強的交涉愈容易取得我們預期的目標和成效。 那麼，怎樣才能讓自己的交涉思維變得更有邏輯？

有效的邏輯主要由主張、根據和資料三要素組成。

第一個要素是「主張」，指的是我們的立場和觀點，是我們邏輯的出發點，我們需要首先確定自己的主張是甚麼。

第二個要素是「根據」，你設定這個主張的立足點是甚麼？針對不同的主張，我們要找到最有力的根據。比如 Lara 跟客戶提出「有機蔬菜品種供應」，這是她的主張，她為甚麼提出這樣的主張呢？因為客戶的餐飲業務主打「綠色健康」，那麼「客戶的店主打綠色健康食品」就是 Lara 的「根據」。

第三個要素是「資料」，這個比較好理解，就是支撐我們觀點和根據的實質性資料，資料往往最能讓自己的邏輯變得有説服力。這些資料可以來自客戶，如「其他餐廳訂購綠色蔬菜

的量上升」「餐單更改為綠色有機菜式可以增加營業額」等，
這些都是支撐 Lara 的主張及根據的實際性資料。

⠿善用邏輯的技巧：提問⠿

　　想要善用邏輯，我們可以在交涉中巧妙利用提問的方法，
強化自身邏輯。活用各種提問方法，可以讓對方進一步走進我
們的邏輯框架。具體可以提出開放式問題以及封閉式問題。關
於開放式問題，我們可以針對交涉目的，選取一個主題內容，
向對方提問，以獲取對方對該話題的看法。**這種資訊能說明我
們更有效地獲知對方的想法，使其在潛移默化中進入我們設定
的思維範疇。**但開放式問題的交流過程比較耗時，亦需要進行
一定的資訊篩選，且難以確保一定能得出自己想要的答案。

　　提封閉式問題就是圍繞適合己方利益的交涉目標，給對方
選擇題。比如 Lara 一旦確定新客戶的訂購需求，就可以問客
戶：「您想訂購單品種蔬菜還是多品種的套餐呢？」這樣，給
客戶出一道封閉式、二選一的選擇題，以吸引客戶繼續往下詢
問具體內容。封閉式提問方式往往能強化自身邏輯，並加速交
涉目標的達成，但有時也會有一定的局限性。

提問的兩種方法

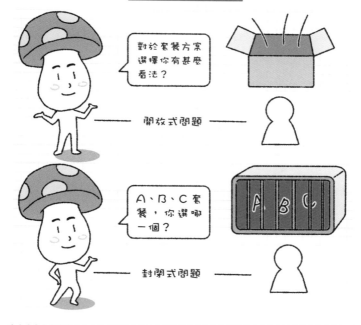

對於套餐方案選擇你有甚麼看法？

開放式問題

A、B、C套餐，你選哪一個？

封閉式問題

確立職場交涉邏輯的兩種方法： 推斷法和試探法

在確立交涉邏輯的時候，我們可以採用兩種常用的基本方法，**一個是推斷法，另一個是試探法。**

推斷法指的是運用直觀推斷，根據對方的反應來判斷自身應該採用哪一種邏輯進行交涉。比如 Lara 遇到新客戶主動聯繫，並不斷詢問蔬菜品種等方面的知識，Lara 可以採用「以品種和品質取勝」的邏輯，向客戶進行推介，並看看對方的反應。如果對方繼續詢問品種和產地等內容，而非轉移話題至批發價格，那麼 Lara 則能直觀地判斷對方看中的是公司的蔬菜品種和品質，因此繼續推演後面的環節，並可以以此為重點進行深入交流。

另一個是試探法。當我們難以從對方的反應中推斷出應該採用哪種邏輯進行交涉的時候，那麼最好採用試探法，旁敲側擊地詢問對方，尋求答案。

課後作業

基本

掌握職場交涉的重點理論，摒棄對交涉的錯誤理解和認識，是提升個人交涉技能的基礎環節。

活用

生活中要學會排解交涉壓力、明確交涉原則，善用交涉邏輯及演繹方法，警惕不利於交涉思路的錨定效果。

第 **2** 章

交涉前期的
準備工作

交涉前你對對方有多了解？前期準備工作做好了嗎？你又有後備方案嗎？

交涉前的準備工作是非常重要的，這期間你可以為自己「加滿油」。通過網絡收集相關情報，全方位地了解交涉對手。另外，也別忘記為交涉準備足夠的籌碼。

LESSON 6 把握現狀，了解對手

> 交涉是雙向的，掌握對方的情況
> 能讓交涉贏在起跑線！

雖然說要為交涉做好事前準備工作，但交涉不是單方面的事情，即使我將有關某些問題的材料準備得再充分，也難以確保萬無一失，並解決對方全部的提問及質疑，不是嗎？

當然，我們無法確切預知交涉對手在交涉過程中提出的全部問題與要求，但我們可以提前了解交涉前的實際情況以及對手的立場和需求，這是交涉前非常重要的一個步驟。正所謂知己知彼，百戰不殆。

到底如何在交涉前期做足功課呢？應該做足哪些功課才能讓我們在交涉時更加自信？具體可以從以下幾個方面着手。

不要停留於表面，敢於主動收集情報

對手的客觀現實情況，對於我們制訂交涉計劃有着非常明顯的影響。因為這個「現實情況」往往牽涉客戶的立場、需求以及客戶想要獲得的預期利益等。

Oliver 在準備一份合作方案，客戶是一間大型機構。Oliver 公司能提供的絕大部分產品，對方也能輕鬆從別的供應商獲得。Oliver 苦思冥想，如何才能展現自身不可取代的優勢，讓對方青睞？於是 Oliver 向項目組王主任求教。王主任告訴 Oliver，可以從對方目前經營的實際情況入手，比如經營現狀、發展趨勢等。得到建議後的 Oliver 首先開始分析對方目前的經營報表，發現對方的經營範圍雖然很廣，但有一種產品僅由一個公司專供，這種產品的銷售額佔去了公司利潤額的一大部分。其次，Oliver 瀏覽了該公司的官方網站，發現該公司主推的也是上述專供的產品。於是，Oliver 決定以這種產品為突破口，並將想法體現在合作方案中。

像 Oliver 一樣，**如果我們在準備交涉的前期階段，滿足於表面資訊，沒有通過不同管道認真分析對方的實際情況，那麼**

我們就容易失去一擊即中的可能性。想要把握住「先機」，我們就需要通過各種管道獲取對方當下的實際狀況，並分析對方的發展趨勢及需求，從而增加交涉內容與對方客觀現狀的契合點。

利用圖表進行歸納對比

不管對方是公司身份還是個人身份，通過前期資料收集工作，我們會發現對方的實際現狀中存在的各種影響因素，除了關鍵因素之外，仍會有不少其他因素令對方的抉擇產生影響。面對這樣的局面，我們就需要進行下一步：**提取要點，列表歸納。**

Oliver 之所以制訂以其專供的需求作為合作突破口的方案，並非一時衝動，而是通過詳細分析得出的。因為他通過對對方的經營現狀進行「起底」，發現自己公司雖然能為客戶總公司供應大量的蔬菜，但由於市場競爭激烈，只能薄利多銷。而針對一種產品的專業性供應，雖然量沒有那麼大，卻有價格優勢，若能獲得該專供產品的供應權，就會更具進行長遠合作的可能性。

Oliver 的做法就是提取要點，再進行列表分析的典型例子。面對千頭萬緒的資料資訊，我們第一步就需要提取出對這次交涉有關鍵影響的要點。主要有以下兩個方面：一是對我們自身目的有關鍵影響的要點有哪些，二是契合對方需求的要點

又有哪些。提取出要點之後，我們就可以將各個要點按照其核心程度進行排列，將自身情況、對手情況和交涉環境用圖表表示並細分，明確交涉過程中各個要點解決的先後順序，並分析我們自身條件與這些要點的契合度，選取契合度最高，也就是最有把握的一環作為主攻點。

用圖表進行歸納對比

要點	自身情況	對手情況
價格	★ ★	★ ★
物流	★ ★ ★ ↗ ★	
技術	★ ★	★ ★ ★
售後服務	★ ★ ↗ ★ ★	

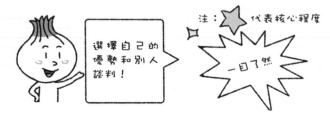

選擇自己的優勢和別人談判！

注：★ 代表核心程度

一目了然

了解對手是成敗關鍵

交涉時，我們能否用客戶喜歡的方式達成目的，是影響交涉成敗的關鍵之一。因此，在交涉前期，我們還需要了解客戶的個性、做事方式、立場等，即使是相同的交涉內容，不同的客戶也會有不同的交涉習慣。有針對性地為客戶創造一個更舒適的交涉環境，能大大提升交涉成功的可能性。

是否能把握現狀，了解影響自身與對手的主客觀要點，有時是決定交涉成敗的關鍵。因此，工欲善其事必先利其器，我們必須重視前期準備工作。

職場筆記

資料收集及分析的能力不是一蹴而就的，想要在交涉前期實行有效的現狀分析，了解對手各方面主客觀影響因素，我們在日常工作中必須養成眼觀六路、耳聽八方的習慣，還要有意識地培養自己觀察、收集資訊及進行分析的能力。

設定交涉的
目標與計劃

> 「目標」是引領整個交涉的導航儀，
> 而「計劃」是推動目標實現的引擎。

與對手進行交涉，自然是期望通過有效的交涉促成雙方協議的達成，從而實現目標。但撇開交涉技巧和溝通技術不說，有時即使雙方侃侃而談，相談甚歡，卻成效不高，這是為甚麼？

檢驗交涉是否成功，我們需要有一個參照標準，那就是交涉結果與預期目標之間的契合度。有的交涉之所以成效極低，除了技巧問題之外，更重要的是最終目標設定不夠精準。

⠿ 讓交涉的目標更具體 ⠿

交涉絕不是漫無目的地溝通。相反，交涉是有明確目標的協商過程，「目標」是交涉的大前提。因此，在交涉的準備階段，我們需要先冷靜分析，問清楚自己到底想要實現甚麼樣的目標，然後再帶着這個目標去與對方進行有效交涉。比如 Oliver 馬上要與新客戶商定青椒的收購價格，那麼在談之前 Oliver 就要設定一個目標——要有高營利。**只有帶着目標，才能和新客戶進行有效的交涉。**

無目標的交涉難以取得成果，因為我們不能指望對方主動讓利，提供商機；而有了目標還不夠，我們還需根據這個目標，制定目標實現的具體指標。比如 Oliver 暗自下定決心，在這次交涉中達成的合作銷售額具體要達到多少，以及公司在銷售額達到多少時可以提高自身的交涉優勢，體現出合作的價值等。

明確這種數值的意識也可以激勵我們一步一步地達成我們自己的目標。在一場交涉中，一個一個地去完成任務，待順利完成所有交涉任務之後，我們就會發現自己距離最終目標不遠了。這就是對目標的審定和思考並圍繞目標制定交涉任務的過程。所以說，確定目的並為此量身定制有效的、具體的交涉任務，非常重要。

⫶⫶ 認識到雙方的差別，並思考如何消除差距 ⫶⫶

在這裏我們要先引入一個概念——ZOPA（zone of possible agreement），即 **協議談判空間**，又被稱為談判協議區。換句話說，買方的價格預期範圍與賣方的價格預期範圍的交集，就是協議談判空間。以商定青椒價格為例，Oliver 的開價是 2 元一斤，心理預期最低可以接受 1.4 元一斤；而新客戶開價是 1 元一斤，最高心理預期可以出到 1.5 元一斤。那麼 1.4 至 1.5 元之間就是二人的協議談判空間。

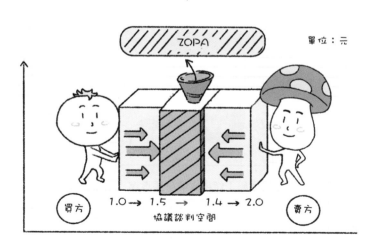

ZOPA：協議談判空間

但是這個空間並不是放在枱面上的，而是雙方在溝通和交涉中發現的。假設 Oliver 從 2 元往下降，而客戶從 1 元往上加，等雙方找到 ZOPA，這次交涉就能夠成功，如果找不到那就意味着交涉的失敗。

所以在交涉開始前就設定好目標與計劃，會讓你的交涉活動進行得更加順利。哪怕結果並不盡如人意，但至少可以做到不慌不忙，能給對方留下好的深刻印象。

職場
筆記

我們可以在生活和工作中養成事事遵循「確定目標並據此制訂計劃」的習慣。這種習慣一旦養成，我們就不用再擔心職場交涉甚至臨場交涉了。

做好交涉失利 的打算

> 做好最壞的打算,能避免或挽救交涉決裂, 正所謂進可攻,退可守。

信心,對於交涉來講非常重要,它鼓舞我們 在交涉中朝着成功的方向大踏步邁進。如果 在交涉開始前就先考慮交涉失敗的後果及應 對措施,難道不是浪費交涉前期的寶貴精力 嗎?

正如行軍打仗一樣,優秀的將領不會只勇往 直前,他們往往在開戰前就給自己的軍隊想 好了退路。同樣的道理,事前準備好交涉失 敗的應對方案,不僅不是浪費時間精力,反 而能讓你在交涉失敗後免於被動。

無論準備得多麼充分，任何一次交涉都存在失敗的可能，我們可以做的是盡量降低失敗的可能性。因此，我們要有受挫意識，時刻準備好交涉失敗的應對之策，做好替代方案。

考慮最壞情況，做好心理建設

Oliver 信心滿滿地跟項目組王主任分享自己的項目計劃書，王主任聽後對一切細節都頗為讚許，唯獨問 Oliver：「萬一客戶不喜歡你的主推產品怎麼辦？」Oliver 頓時不知所措，因為整個計劃書都是圍繞主推產品展開的，萬一客戶不喜歡就沒辦法了，這次交涉就只能宣告失敗。王主任告訴 Oliver，一定要做好客戶不喜歡主推產品的心理準備，並且要準備一個與主推產品有一定差別的產品作為後備產品，萬一客戶否定了這個方案，馬上拿出後備方案。Oliver 聽後受益匪淺，趕緊做了一個後備配套方案。

很多時候我們之所以會不知所措，很大原因是我們對於沒有預期即將發生的事件。這種「不知所措」會在一瞬間打亂我們的思路，從而影響我們做出正確的判斷。因此，想要從容面對交涉過程中可能出現的各種情況，我們要學會考慮最壞的情況，**做好最壞的打算，給自己充足的心理準備，從而讓自己在面臨最壞情況時依然能夠保持冷靜的頭腦。**

⫶做好決裂後的替代方案⫶

　　針對這種交涉雙方關係決裂的情況，我們需要在交涉開始前就做好心理準備及替代方案。

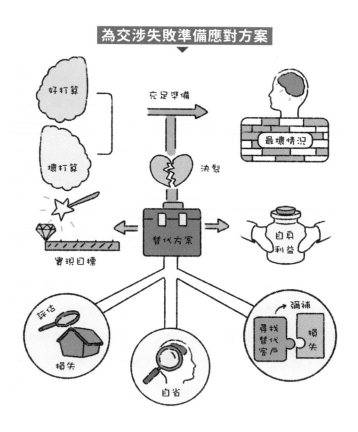

為交涉失敗準備應對方案

好打算

壞打算

充足準備

最壞情況

決裂

實現目標

替代方案

自負利益

評估

損失

自省

彌補

尋找替代客戶

損失

首先，我們要評估在這種狀況下，我們會出現的損失有哪些；其次，可以尋找替代客戶，盡力彌補損失。

比如 Oliver 信心滿滿地做了一份項目計劃書，準備與新客戶進行購買交涉，在與客戶交涉之前就要預想以下幾個問題：倘若與這個客戶難以達成合作，會給 Oliver 和公司帶來甚麼損失？與這個客戶存在相同需求的潛在客戶有哪些？找到這些潛在客戶之後，如何尋找合作的可能性？

然後，可以再審視一下自身的商業模式：是否有需要改進的地方？如何才能吸引並留住客戶？如果交涉雙方決裂，除了對方的問題，我們自身是否也有不足？這樣分析下來，就能夠保證一旦交涉雙方發生決裂，我們也能夠從容應對。

尋找最佳解決辦法

商業上有一個縮寫詞叫「BATNA」，英文全稱是「best alternative to a negotiated agreement」，意思是在決裂的替代方案中尋找最好的解決之道。一旦談判或交涉決裂，我們需要第一時間拿出替代方案，而作為替代方案本身可能不完美、不圓滿，這有可能是因為替代方案往往難以實現自身利益、價值體現和目標實踐程度的最大化。

凡此種種因素，都需要在替代方案正式被啟動前的最短

時間內得到最有效解決。Oliver 無法就合作項目與大型 A 集團達成合作協議，經過一輪有針對性的發掘，Oliver 找到了 B 公司，能在一定程度上彌補未與 A 集團合作決裂的損失。就此而啟動的替代方案與原本的方案相比，雖然能彌補新品引進的損失，但預期收益減少了。

面對這樣的局面，Oliver 就需要進行分析，是多尋找一個客戶共用資源，獲取更多的收益，抑或是為這個替代客戶提供專業供應鏈以培養其今後的市場。

這是我們在啟動替代方案時經常遇到的問題，因為替代方案一般難以達到我們原始方案的全部預期。遇到這種情況，**我們需要隨機應變，並做長遠分析，針對客戶發展的可能性及公司利益需求等具體情況，尋找一個最佳解決辦法。**

做好最壞的打算，不是要我們只抱有消極的心理準備，而是需要大家有目的地、周全地對待交涉。準備好替代方案，對於交涉有百利而無一害，因為它不僅能幫助我們應對交涉失敗後的被動局面，還能幫我們減少失敗帶來的負面影響。

LESSON 9

準備好紙本資料

> 將想表達的話用筆寫下來，
> 才能發揮更好的綵排效果。

在科技發達的社會，大家都用電腦記錄及展示文件，事前準備的紙本文件有的有用嗎？

面對千頭萬緒的資料分析以及計劃條款，我們掌握得愈多，就能愈順利地與對方進行交涉，但你有沒有真的看透所有資料？你的交涉計劃是否真的無懈可擊？你可以通過寫出來的方式將整個交涉過程用對話模擬出來。

準備好紙本材料，其實就是在交涉前期準備工作中的綵排，意思是**準備好交涉所需的各種資料與分析檔，還可以預先在紙上模擬出交涉的整個過程，即模擬對話過程。**

準備好交涉的資料和文件

交涉是一種目的性較強的溝通，充足的資料收集及對背景因素的熟練掌握對於提升交涉成效非常重要，但真的需要一字一句寫出來嗎？

正所謂「機會是留給有準備的人」，不論做甚麼事情，事先都要有準備，才可能成功，而沒有準備就很有可能會失敗。

那麼在交涉前應該準備的紙本資料包括哪些呢？

第一，交涉對象的目標與背景；

第二，此次交涉中自己的優勢和劣勢；

第三，交涉前的現狀與前景預測；

第四，交涉過程中可能會出現的一些問題和解決方法；

第五，你認為在交涉中需要重點關注的內容。

提前準備好交涉資料和檔案有兩點好處：一是在你整理己方公司資料的過程中，對公司有更加深入的了解；二是你能夠提前想像交涉過程中可能會出現的問題，在真正交涉時候不慌亂。

紙本資料包括的內容

交涉對象目標背景

自身優勢和劣勢

現狀與前景預測

強事點與主內容

價格

紙本資料包括哪些？

⋮⋮ 模擬多份對話稿 ⋮⋮

　　模擬綵排所需的對話稿，固然無法全面涵蓋交涉當日的實際對話情景，亦無法完美預知對方的態度和問題。但在準備模擬對話稿的過程中，我們經歷了一個對交涉內容做出推斷的過程，這也是我們對交涉進行深入思考和預測的過程，對於我們準備交涉應對策略、檢驗自身交涉計劃非常重要。

　　為甚麼？正因為模擬綵排的對話稿難以一擊即中，更難全面猜中對方的實際應答，因此，**聰明的做法是針對對方可能會產生的二至三種反應，做出系列模擬對話設定。**

　　具體的方法如下。

　　第一步，以自己的主攻思路為基礎，設計一份模擬對話稿，而這個對話稿的大基調是對方接受你的思路。在「對方接受」這個大前提下，模擬對話主要針對對方所提出的小疑問進行設定即可。

　　第二步，以「對方不接受」作為大基調撰寫模擬對話稿。我們可以設定一些說服對方的話語，致力扭轉對方的態度。

　　第三步，以「對方搖擺不定」作為基調撰寫有針對性的模擬對話稿。對方倘若搖擺不定，那麼必然是對我們的能力存疑。

　　因此，一方面我們需要以「說服」對方為主線，設定對話，另一方面還需兼顧對方可能會提出的各種疑問。

如果我們能在每次交涉之前均進行綵排，並且用心地將綵排中用到的模擬對話用白紙黑字呈現出來，而非單純地打腹稿，這樣才能更好地理順交涉過程中的思路，避免因為一時大腦空白而失去主動權。

職場筆記

　　交涉前期綵排的對話稿準備，需要特別注意角色的切換，從對方的角度出發設計其可能做出的反應，盡量自我挑剔，規避一味從順應自身計劃角度出發的做法。

交涉前的綵排

綵排有助於周全思考，為實際交涉中可能會出現的各種情況 warm up!

交涉是雙向的，具有不可預期的可變性。但說交涉前的綵排無效，則太偏頗了。需要明確的是，交涉前的綵排，正如模擬考試一樣，側重的並非押題的命中率，而是在綵排過程中，你對對方立場的反覆思考，以及你臨場反應的反覆磨煉。

交涉前的綵排對於提升交涉的成功率及練就個人交涉能力非常有效，其中可分為單獨綵排的預熱階段及雙人綵排的實操階段。

單人綵排的預熱階段

單人綵排，顧名思義就是自己單獨進行的一種綵排模式，這是比較前期的預熱階段，一般是在個人針對自身材料整理，擬訂出幾種模擬對話稿之後進行的，屬於自我調整階段。

在單人綵排階段中我們主要對自身進行兩方面的考量。一方面是不斷反覆地就對話內容的設定進行審視，過程中不斷向自己提問：「客戶真的會這樣回答嗎？」「客戶真的沒有甚麼疑問嗎？」盡量避開我們「理所當然」的思路，盡量模擬對方的角色，設定其利益出發點，對對話稿進行調整，讓自己的應對更加盡善盡美。

另一方面，**單人綵排還是對自我語言及肢體語言表達等方面的練習與檢測，我們需要塑造和培養自己交涉時的能力與風格。**因此，單人綵排階段，不能只是埋首對稿，最好是面對全身鏡或者半身鏡，假想自己面對的就是交涉對手，並設計好自己應該展現的表情神態、肢體語言，還需考慮個人精神面貌及商務禮儀等方面的呈現，這些都是交涉中的加分項目。

⠇雙人綵排的實操階段⠇

當我們完成了單人綵排，將模擬對話稿的調整進行得差不多之後，我們就要邀請一個和自己相熟的、客觀公正的朋友或者工作夥伴，一起進行互動綵排。

Lara 馬上就要和一家大型的蔬果採購企業的工作人員進行會談，Lara 在完成了單獨綵排後，邀請同事一起進行交涉前的模擬排練。

交涉前的綵排

單人綵排

審視對話內容

注意肢體動作

完善語言表達

雙人綵排

雙方互動性

個人思維

在排練的過程中，同事提出的很多問題都出乎了 Lara 的預料。自己雖然設想了客戶會提出疑問，卻沒想到還有不少自己沒有預想到的問題。這讓 Lara 覺得自己單獨綵排的效果不是很好，這次的雙人綵排對 Lara 的模擬對話稿調整非常重要。

經過和同事的幾次綵排之後，Lara 從同事的即時反應中得到了啟發，繼而對自己的對話稿進行了更多修改，也建立起了「客戶也有可能這樣問」的心理準備。

雙人綵排具有互動性，同時也能很好地幫助自己跳出固定思維的框架，因此雙人綵排階段非常重要且有效。綵排過程中，我們要鼓勵對方盡量就我們的交涉用語、流程、方案等提出建議，這樣能幫助我們修訂整個交涉計劃，讓交涉前期準備工作更臻完善。

值得一提的是，在雙人互動綵排階段，我們最好有傾向性地選擇邏輯思維能力較強、有一定交涉經驗的對手作為模擬對手。因為對方思考愈周全，態度愈認真，愈具批判性思維，對於我們後續的交涉計劃調整就愈有利。

基本

交涉前期準備工作非常重要，運用科學的方法為自己加足馬力。

活用

交涉前與其焦慮，不如先了解對手。提前做好綵排，預知可能的狀況。

第 **3** 章

如何達成最佳的 **談判**

想要達成雙贏很困難嗎？無法避免要經歷哪些困難？哪些交涉技巧可以化解這些難關？

一場交涉的最佳結果就是達成「win win」雙贏。這不僅需要我們對全盤掌握，也需要我們對交涉的細節有微細觀察。運用自身的優勢吸引對方，達成最佳結果。

成功交涉的
三個階段

> 任何交涉都不是一蹴而就的，
> 成功的交涉需要分階段完成。

實現目的，是交涉的出發點。我是不是應該在交涉過程中處處直奔主題，不斷強調自己的目的，以促成交涉成效最大化呢？

交涉是一種溝通，同時也可以被看作一門藝術。直奔主題、開門見山固然沒有錯，但了解交涉的基本階段，分步驟地開展則更為保險且容易奏效，這樣既能循序漸進，又能有的放矢。但這裏提及的「循序漸進」不等於假客套，而是有目的地為自己的交涉目標做鋪排。

在商務交涉中，交涉的雙方畢竟不是敵對的關係，所以也不存在很大的利益衝突和矛盾，如果能夠掌握一些交涉的技巧和原則，使得交涉雙方的利益最大化，那麼循序漸進地開展交涉，才能獲得滿意的交涉結果。

初級階段：申明價值

Oliver 在與新的客戶進行商業交涉之前，就制訂好了交涉的方案。當交涉真正開始的時候，Oliver 就通過一連串的問題關心新客戶的實際需求，並針對客戶的需求提出了己方的合作方案。新客戶很滿意，準備和 Oliver 深入談一談。

任何商務交涉都是帶有目的性的，所以在交涉正式開始之初，我們需要先理解彼此溝通各自的利益需求。這是交涉的初級階段，在這個階段的關鍵問題就是要弄清楚對方的真正需求和目的是甚麼，同時這也是申明自己優勢的關鍵階段。

所以在這個階段，需要多向對方提出問題，打探對方的實際需要。與此同時還要根據對方的需求，申明自己的優勢，讓對方清楚地知道自己能夠創造的利益價值。因為你只有了解對方的真正需求，才能知道申明何種優勢才能夠滿足對方的需求。同時對方也知道了你的利益價值所在，進而滿足你的需求。

∷ 中級階段：創造價值 ∷

　　經過了初級階段的溝通，如果你的優勢申明能夠打動對方的話，就可以進入交涉的中級階段了。在了解雙方的實際需求之後，只是達成了合作的意向，這並不是雙方利益的最大化，也就是說雙方的利益在這個時候是不能達成有效的平衡。

　　即使是剛剛好達到了雙方利益的平衡點，但是又不一定是最佳的方案。所以**雙方在交涉的過程中都會想方設法去尋求最佳的合作方案，為交涉雙方找到利益平衡點，這樣才能創造價值。**

　　這也是很容易被忽略的階段。如果忽略了這一階段，那麼在後續的交涉過程中，就容易因為利益不對等而產生矛盾，最終導致交涉失敗。

　　當 Oliver 獲得了新客戶的青睞，雙方正準備就 Oliver 準備的合作方案進行交涉時，因為 Oliver 忽略了「創造價值」這一個步驟，並沒有找到能使雙方利益最大化的點，新客戶始終不滿意 Oliver 給出的價格優惠，使得後續的交涉變得非常困難，交涉還曾一度中斷。最後在 Oliver 焦頭爛額之際，王主任在 Oliver 的報價上降低了 1%，並鼓勵新客戶增加一噸的購買量，雙方最終達成協議。

職場交涉的三個階段

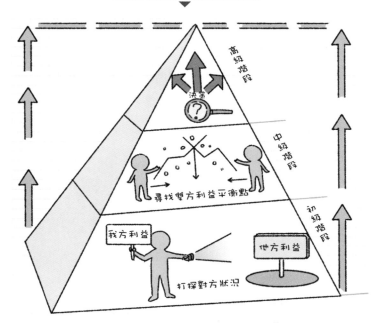

高級階段

決策

中級階段

尋找雙方利益平衡點

我方利益

他方利益

初級階段

打探對方狀況

⠿高級階段：克服障礙⠿

　　最後一個階段是克服困難，此階段往往是交涉的攻堅階段。交涉的障礙一般來自兩個方面：一是交涉雙方的利益存在衝突，二是交涉者自身在決策上存在障礙。前一種障礙的解決方法是需要雙方按照公平、合理的客觀原則來協調利益，比如在商定新的方案或者針對互相提出的條件和要求時找到一個雙方都能接受的平衡點；後一種障礙的解決辦法，需要交涉無障礙的一方主動去幫助另一方以使其決策。

　　總括來說，控制好交涉的過程，就能夠避免在交涉中出現這樣那樣的問題。交涉的過程中只有把交涉雙方的利益最大化，才能夠獲得完美的結局。

從自身出發
為交涉排除障礙

> 交涉過程中會遇到不少障礙，
> 我們首先要從自身入手排除潛在的障礙。

在交涉之前我們總會就交涉結果進行預設，於是我們總是圍繞這個想法來開展交涉過程。但有時愈是執着於這一點，結果愈是事與願違……

我們贊成對交涉進行預設，提前做好應對方案和任務計劃。但是你知道交涉中還潛伏着一些障礙嗎？這些障礙不是突發的客觀事實，而是源自我們自身的主觀認識。那麼，我們來看看有哪些障礙吧！

:: 避免過於武斷的判斷 ::

交涉過程，就是一個不斷通過對話來分析對方立場、表達自己立場、達成雙方合意的過程。因此，我們的判斷也就存在於交涉的整個過程中。在這裏需要特別留意一點，就是不要過早、過於武斷地給對方下判斷。

Oliver 在和一個老客戶交涉下一年度訂單合同的時候就想得過於樂觀了。因為這一年度與老客戶合作得還比較愉快，沒有發生過甚麼爭執或者出現過失誤，他就認為老客戶肯定會繼續按照今年的合同下訂單。

但當 Oliver 與客戶剛説出自己的訂單計劃時，對方不滿意了。原來去年這一批訂單的生鮮蔬菜銷路不怎麼好，下一年度老客戶準備轉型做有機蔬菜。本來想聽一聽 Oliver 公司明年有甚麼新的產品，卻發現 Oliver 只是在「炒冷飯」，於是就沒有興趣與 Oliver 繼續談下去了。

在交涉之中，由於過於武斷，過早地對客戶進行了定性，從而導致不少原本能提供給客戶的條件並沒有提供到位，這樣必然影響交涉。相反，**我們要做的是周到地考慮與客戶相關的各個細節，盡可能全面地對待交涉。**

沒有適時地調整思路和方案

還有一個比較常見的問題是：針對交涉的實際狀況，我們沒有及時調整自己的思路和應對方案。交涉前我們往往會抓住一個預設的方案和預期的成效，然後在交涉中努力實現自己的預期。

但交涉是雙方的，倘若對方對我們這個方案不滿意，我們就需要及時調整，尋找其他突破口，選擇一個對方能接受的新思路繼續交涉，務求換條路達到合作的目的。這個時候如果過於執着單一的想法，不懂變通、不懂調整自身的思路，那麼我們固化的想法和方案往往會成為阻礙我們與客戶繼續交涉的障礙。

雙方共識比非勝即敗更重要

Oliver 在清楚了老客戶的新需求後為客戶制訂了一個新的合同方案，在與老客戶周旋了幾輪之後，老客戶雖然同意了下一年度的蔬菜訂單的方案，但仍舊堅持讓 Oliver 公司負責蔬果保鮮環節。不論 Oliver 如何與客戶交涉，客戶就是不放棄。Oliver 為此十分鬱悶，突破不了這個難點，雙方難以繼續交涉。Oliver 覺得這就是他與客戶的較量，他必須堅持「我們向來不為客戶提供保鮮服務」這一點，否則自己就輸了。

在雙方的商談僵持不下的時候，王主任將 Oliver 從會議室叫出，指出 Oliver 這種**「非勝即敗，雙方總有一個勝利一個落敗」的思路是錯的。**

雖說對方要求 Oliver 負責蔬果保鮮環節，但對方並沒有說不付費啊，Oliver 如果能承接這個環節，並提出收取一定費用，這不是雙贏的局面嗎？

經過王主任的提點，Oliver 終於明白了。最後通過和客戶溝通，客戶表示願意支付一定的保鮮費用，Oliver 與客戶最終達成了合作協議。

確實，生活中很多交涉就是這樣，基於雙方的成本與實際營運需要，對於某些條款，雙方都會有所堅持，我們要具體問題具體分析，不要害怕對方提出的要求，也不要認為一旦答應對方的條件就是讓步，就是失敗。相反，如果能摒棄這種非勝即敗的觀念，我們或許能從一個爭議點上找到雙贏的方法。

⠿ 警惕「己方利益第一」的觀點 ⠿

通過交涉使己方利益最大化，是我們的期望，同樣也是對方的期望。因此，利己主義的存在是不可避免的。但我們還需警惕過於堅持「己方利益第一」的觀點。**己方利益固然重要，但倘若對方的訴求絲毫得不到回應，交涉也將無法順利進行。**

我們之所以要與對方交涉，是因為我們雙方都有對方需要的東西。因此，着眼己方利益的同時，我們也要盡量靈活應對對方的訴求，這樣才能最終實現合作。

職場筆記

　　想要交涉過程順暢，除了不可預期的客觀影響因素之外，過早下判斷、過於堅持己方利益、過於重視交涉的勝負成敗也是造成交涉不順暢的障礙。因此，我們應該在每次交涉前反覆提醒自己警惕這些主觀障礙的出現。

LESSON 12

交換條件的 風險與好處

> 條件交換是交涉中經常用到的技巧，
> 在看到其好處的同時也要留意風險。

交涉的時候，對方總會以自身的利益為出發點提出各種要求。我想，我們可以就此提出交換條件，從而讓彼此利益都得到滿足，達成雙贏。這樣也就能確保交涉取得成效啦！我說得對嗎？

確實，交換條件很常用，其好處在於能夠在滿足己方訴求的同時滿足對方的一些要求。但同時，交換條件也是有風險的，因為交換條件的決策往往是臨時做出的，我們來不及深入分析其中的影響，一旦如此，就會對交涉目標的實現造成影響。

交換條件是一個非常好用的技巧，但並非萬無一失。我們要辯證地看待它，視情況慎重採用。

⋮審視交換條件的誘惑⋮

在交涉的時候，如果能拋出具有一定吸引力的交換條件，誘導對方答應自身的訴求，確實是更快達成雙方同意的方法。但需要注意的是，交換條件本身是一把雙刃劍。

Lara 與客戶進行交涉時，客戶提出了交換條件的意願，客戶的條件是「你只要願意免費提供物流，我可以增訂50%」。

面對 50% 的增訂量，Lara 心動了，但細心盤算一下發現，一旦 Lara 公司負責物流，即使算上增訂量的整體毛利，其實際利潤也比不負責物流、無增訂量的利潤要少得多，因為這批貨屬於毛利少、物流費貴的類型。

在這裏 Lara 險些掉入「增訂 50%」的陷阱。其實生活中不少交換條件看似很誘人，但實際上暗藏「玄機」。因此，我們需要具體問題具體分析，明辨這個交換條件是否有利於己方，不能單純地被眼前的「50% 的增訂量」蒙蔽。

∴注重等價交換原則∴

　　但並非所有的交換條件都是毒藥，同樣也並非所有的交換條件都是蜜糖。那麼我們應該如何更好地把握交換條件呢？最為關鍵的一個基本原則是等價交換。**等價交換不單指利益的等價，也指對於預期成效的推動作用是否相等。**

　　Lara 仔細地計算了風險，客戶雖然增訂 50%，但這並不能彌補 Lara 因為承擔物流費而折損的利潤。

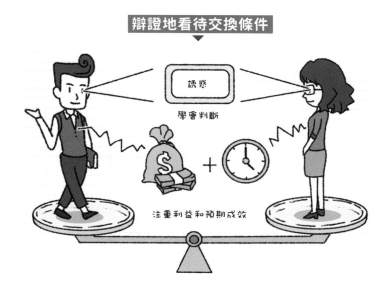

辯證地看待交換條件

誘惑

學會判斷

注重利益和預期成效

斷然回絕客戶顯然不利於交涉的繼續開展，於是 Lara 靈機一動，通過計算物流費用和利潤的相關比例，推薦客戶將增訂數量提升至原本總訂貨量的 165%，這樣，Lara 就不會損害總體利潤，還能加大出貨量。

等價是交涉時交換條件的基本要求，也就是說，對方提出的交換條件起碼能與己方原始的獲利條件相符時，我們才可以思考是否與對方進行條件交換。

易貨交易只適用於簡單的交涉

Oliver 最近與一家快餐店進行交涉，對方提出以餐飲代用券代替小部分貨款的建議，由於牽涉的金額不大，Oliver 為表達合作誠意，於是答應了對方的請求。但在後來的供貨中，對方進一步提出以第三合作方的配套產品代替部分貨款，甚至提出從中牽線，介紹協力廠商從 Oliver 公司拿貨從而抽取提成，再以這些提成抵換 Oliver 公司蔬菜產品等系列要求。面對牽涉幾方面利益，包含仲介費、服務費等多個方面的內容，Oliver 對其後續要求進行了婉拒。

在社交中常用的諸多「交換條件」中，有一種易貨交易是比較常見的。比如我給你提供貨品 A，你給我提供貨品 B；又或者對方以若干數量的產品來抵消應該付給己方的部分貨款

等。這些是常見的較為簡單的條件交換，適用於小宗交易。

　　但倘若涉及面比較廣，或者是關乎重大項目及利益，則不適用。因為易貨交易所得的是貨品，沒有靈活的流動性，此外還需考慮我們對該交換貨品的需求程度。所以，**對於大型複雜的交易，我們要關注更多的細節，而不應該耗費精力在以貨換貨上。**

職場筆記

　　交換條件的好處在於有時我們能更快地與客戶達成共識，各取所需。但同時，交換條件也存在由於分析不透徹而影響實際利益、跌入對方的「陷阱」、做出不必要的讓步、交換沒有實現等價等風險。

製造有創意的選項

> 非此即彼的選項容易讓對方產生抵觸心理，
> 有創意的選項則更能有效地吸引對方。

交涉的時候，有時會遇到一開口就遭婉拒的情況。我們在交涉之中提出的條件和要求都是圍繞己方利益來設定的，當這些條件和要求難以讓對方覺得接納，應該怎麼辦呢？如何才能讓交涉對手聽後首先考慮一下而非直接拒絕呢？

根據己方利益設定條件和提出要求是符合常理的，但是這裏有一個巧妙的處理手法，那就是當我們給對方提出要求的時候，可以給對方一些有創意的選項，而非直白地、單一地陳述自身的條件和要求。

無論是給對方提出要求還是滿足對方的要求，我們自身需要先設定好己方的選項內容。而在這個環節上，倘若能將選項設計得有創意，就能大大提升對方對選項的接受程度，從而提升交涉的順暢度。

⠿ 對方的需求是最好的突破口 ⠿

　　交涉更像是一個交易的過程，最理想的狀態是交涉雙方「相互滿足」。其次就是你進一步我退一步或者我進你退。基於這個大前提，如果我們期望對方接納己方提出的條件，最好的辦法就是找出對方的需求，在滿足己方利益的基礎上，給予對方額外的滿足。

　　Lara 與一位客戶討論交貨日期延後的問題，對於客戶來說，延遲交貨自然會造成一定程度的損失。

　　Lara 提出減免一定的費用以補償客戶損失，但是客戶要貨很急，不同意 Lara 的解決方法。Lara 靜下心來分析，既然客戶不同意費用方面的補償，證明客戶確實非常需要這批蔬菜，蔬菜的準時到位是他的基本需求。於是 Lara 提出由公司重新在市面上高價採購這批蔬菜先提供給客戶，不收取差價費用。

　　客戶看 Lara 誠心解決問題，於是同意了 Lara 的方案，後來把延期交貨的蔬菜也採購回去了。

客戶之所以會答應 Lara 的條件，是因為 Lara 找準了客戶的真實需求，並且提出了由蔬菜公司高價採購提供給客戶。這是一個花了心思為客戶着想的選項，更容易被客戶接受。

雖然公司受到了一定的損失，但是維護了公司的形象和信譽。因此，我們常說，**交涉之中，最大的籌碼其實不是你能提供甚麼，而是客戶需要甚麼，能在交涉中提供正合客戶心意的選項，更能提升交涉成效。**

事先考慮「下點功夫」的選項

當然，交涉過程中需要討論的事項很多，單純依靠臨場發揮去提出有新意的選項，對於交涉者本身的思維和應變能力都要求極高。因此，我們應該適當地做好事前準備工作，在前期階段先用心準備一些「下點功夫」的選項。

由於蔬菜運輸易受惡劣天氣影響，需要延期供貨的不止上面提及的一個客戶，Lara 接下來準備繼續與另外幾個受影響的客戶交涉。Lara 一心想着按照之前的做法嘗試溝通。可試了幾次，卻發現並非每一個客戶都同意這個方案。

準備有創意的選項

① 首先要找準對方的需求點。

② 將這些選項進行創意性改造。

③ 選擇正中下懷的創意選項，達成最佳共識。

最佳共識

對於 Lara 來說，最有效的方法是根據每個客戶的實際情況，事先準備一些有創意的選項。比如對那些並不硬性規定到貨時間的客戶，可附送新產品作為補償；而對一些物流費用特別高的客戶，可以採取適當減少一些運輸費的方式作為補償。

我們提供給客戶的有針對性的選項愈多，就愈容易滿足客戶的需求，從而提升客戶對我們的接受程度，促成雙贏的場面。

找出客戶的真實需求，並針對對方的需求設計選項，是讓對方更好地接受交涉事項的捷徑；若能進一步為客戶的需求「量身定制」不同的選項方案，那麼被拒的風險也就會大大降低。

讓對方準確理解
己方要求的方法

> 想交涉順暢進行，
> 離不開雙方對彼此透徹的理解。

在與對方交涉的時候，有時會就一項內容耗費大量的時間解釋，但之後仍然無法取得預期效果，但面對這種難以解釋清楚的情況，到底應該如何解決？

當雙方就某一個點僵持不下的時候，我們就要思考，對方是否對你提出的內容理解不當。理解不當較為常見的兩種情況是：對方對你提出的內容本身不理解、有誤解，又或者內容本身不符合對方的需求與邏輯。在前一種情況下，我們就要選擇一個讓對方更容易理解和接受的方式。

交涉中的意見不一致，有時源於雙方對對方要求的理解不透徹，因此，充分、全面、完整的理解，是交涉順暢的重要保證。那麼，在交涉中有哪些方法能讓對方精準地理解我們的訴求呢？

不要用 hardsell 的說話方式

當我們向對方提出交涉事項，尤其是向對方解釋條款、提出要求的時候，一定要拿捏好陳述的方式和用詞，一方面我們要盡量表述清楚內容，另一方面**我們還需表現出商討的態度，不能將「商議交涉」變成「我說你聽」。**Lara 在與客戶溝通蔬菜訂單裏的發貨品種問題時，由於公司現在針對老客戶有優惠活動，只需客戶加訂五十公斤新推出的有機蔬菜，公司就會為其整體訂單總額打折。Lara 覺得非常划算，一直給客戶推廣這個優惠，但該客戶所經營的蔬果超市開在一個老城區，顧客都是附近的老鄰居，客戶對這款價格高的有機蔬菜並無太大興趣，Lara 的強烈推薦，導致客戶產生了 Lara 在「hardsell」的感覺，整個交涉過程並不愉快。

Lara 的出發點是好的，但她過於堅持自己的主張而忽略了對方的實際需求與感受。因此，在闡述和表達己方主張的時候，我們要留意對方的接受程度、態度的變化，不能將自己的想法強加給對方，否則就會讓對方反感。

如何準確地表達己方的需求

交涉過程中不能忽略對方的邏輯

　　還有一個問題就是雙方的邏輯問題，我們在交涉過程中會按照自身的利益，利用符合這個利益的邏輯去陳述自己的要求。比如上述例子中，Lara 只顧着堅持自己的主張，而客戶卻有別的想法。Lara 認為自己的想法是沒有問題的，是顧客沒有理解自己的好意。但是忽視了顧客話裏的邏輯「我們那的顧客都是五十歲以上的老人家」。這就說明該客戶的顧客群大多是年紀大的顧客，對貴價的有機蔬菜關心度不高，反而更喜歡便宜又新鮮的蔬菜。

基於客觀基準出招，更容易讓對方認同

　　當 Lara 意識到自己的錯誤之後，馬上轉變思維與客戶重新協商訂單，在確認了客戶的意向之後，與客戶商量貨款分期付款的問題。本來按照公司規定，客戶在第一期要支付全部貨款的 50%。客戶覺得 50% 太多，提出暫時支付全部貨款的 30% 的要求。

　　Lara 並沒有馬上說不行，而是平心靜氣、毫不含糊地跟客戶解釋為甚麼這種做法對雙方都有保障：一來公司可以為客戶發出全部貨物，讓客戶的超市能正常運作；二來客戶付給供

應商一半的貨款，可以將雙方營運和資金上的風險降到最低。這樣說，非常合乎情理，也符合雙方的客觀需求，客戶最終也接受了支付全部貨款的 50% 的要求。

很多時候雙方的不理解，源於對方認為我方提出的要求都是以我們單方的利益為出發點的。這種想法很容易影響對方的思路，從而影響交涉的結果。

職場
筆記

想要讓對方更好地理解和接受我們的要求，首先我們要避免強推強賣這種過於明顯的做法，巧妙地以客觀基準作為輔佐的依據出招，不要讓對方認為我方的要求都是以我們單方利益為出發點的。

不能忽略團體形象

> 團體形象也是交涉的考量準則之一。

與客戶的交涉時明明看起來有希望,可是到最後,客戶就是難以下定決心與我們簽約,說是對我們的團隊協調表示懷疑。真讓人奇怪,難道我們有哪些地方做錯了嗎?

也許你在整個交涉過程中都表現良好,甚至如魚得水,但對方考量的往往不僅僅是你本人,還有你身後的整個團隊。畢竟,與對方合作的不單是你個人,還有你的整個團隊。因此,想要給對方留下良好的印象,應當處理好團隊形象,讓對方對你的團隊有信心。

無論是上班族還是創業精英，相信大家都知道團隊的力量，而正因為我們並非單打獨鬥，所以團隊的形象也是非常重要的。如果通過與你的交涉，對方能感受到你整個團隊的創造力和活力，那麼整個交涉的價值就能更好地體現。相反，**如果在交涉過程中，你的團隊給對方留下了負面印象，那麼即使你個人表現再好，對方也很難有信心與你們合作。**

對外交涉前，先做好內部交涉

團隊內部運作是否暢順，對於團隊力量的發揮有着至關重要的影響。Oliver 和 Lara 合作跟進一個大型客戶，但由於二人在交涉前沒有進行明確分工，導致在交涉中客戶問及物流運輸的具體負責人時，二人面面相覷，一時答不上來。這無疑給客戶留下了團隊不成熟、分工不明確的印象。

在對外交涉開始之前，做好團隊內部的溝通與分工非常重要，因為良好的內部溝通和分工一來能使各自的責任和義務更加明確，二來還能合理善用團隊資源，按照分工來準備各自的工作，避免工作重複或疏忽，能更有針對性地應對好外部交涉。

⋮ 處理好內部不一致的利害關係 ⋮

　　即使是一個團隊內部，也會存在不同的利害關係，正如蔬菜物流運輸工作涉及冷凍冷藏、保鮮、保價等眾多環節，屬於吃力不討好的差事，Oliver 和 Lara 都不願意主動去接這塊燙手山芋。而項目總聯絡人的職位則不一樣，雖然瑣事多，但能讓公司高層看到自己的業績，是一個表現能力的好機會……諸如此類，每個人看待事物的出發點與立場不同，於是每個團隊不同個人之間，甚至部門之間都會存在各自的利害關係。內部稍有意見不合是正常的，我們不能完全忽視這種不一致，但我們要做的是無論內部意見有多麼不一致，在交涉的時候還是要一致對外。**因為團隊內部觀點不一很可能使個體的工作方向出現偏差，讓團隊做不到齊心協力，從而難以發揮團隊的最大力量。**而且，在交涉之中，一旦我們把內部的分歧暴露在客戶面前，很容易讓對方喪失對己方團隊的信賴度，甚至有可能出現團隊內部提出不同的主張，讓對方無所適從的情況。這些都會嚴重影響雙方的交涉和合作。

⋮ 團隊內的相互牽制與配合 ⋮

　　論及團隊內人員及部門之間的牽制和配合，關鍵在於做到

「共同進退、陣腳不亂」。

　　所謂共同進退，是指大方向和目標要始終保持一致，大家都圍繞同樣的目標努力，而非一方努力，另一方鬆懈，甚至出現某一方拖後腿的情況。而陣腳不亂，是指協作和配合程度要高，哪怕雙方的意見和追求並不完全相符，甚至存在互相牽制的情況，也要在對外交涉的時候相互配合。

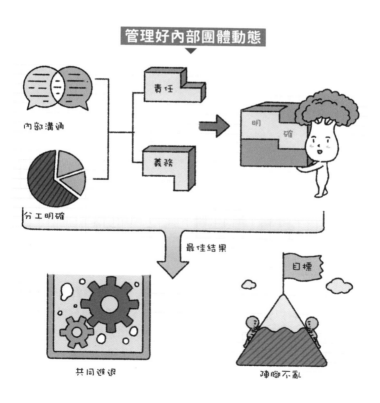

Oliver 和 Lara 在項目後期的意見並不完全一致，但二人有同一個目標，面對同樣的壓力，那就是讓客戶滿意、達成合作，然後完成簽約任務。因此，二人在保持這個大步調一致的前提下，還是能夠撇開不同意見開展工作，這就是「共同進退、陣腳不亂」。

職場
筆記

　　在與客戶交涉的過程中，團隊形象有時會被我們忽視，而這也將影響客戶對我們團隊的印象，因此，我們要善於從分工協作、內部矛盾協調等方面入手，解決團隊內部意見的不一致，互相配合完成共同目標。

讓對方走進你的預設框架

> 交涉不是姜太公釣魚願者上釣，
> 而是需要用心去引導對方「跌入陷阱」。

雖然在交涉前已經做好了預設，但是一旦正式開始交涉的時候，卻發現預設的辦法都不能讓對方「上釣」，也沒有辦法明確對方的真實意圖。此時交涉難以進行，該怎麼辦？

遇到這樣的情況，需要思考我們是否用對了方法，我們採取的陳述及「誘導」技巧是否足以讓對方「上釣」。這裏所說的「上釣」是指，讓客戶進入我們設定的思路，最終同意我們的方案和要求。

交涉並不是一個簡單的「願者上鉤」過程，如果想要達成我們的目的，我們不僅要考慮自己想要釣甚麼樣的魚，還需要考慮給對方下甚麼樣的誘餌，採取甚麼方法去下這個誘餌，對方才會喜歡，才會心甘情願地「上鉤」。

先從最簡單直接的方案做起

首先，在對方態度和想法未明確的時候，我們可以採取一個簡單直接的方法，那就是先將最基礎的方案拿出來。這個最基礎的方案其實就是在我們未考慮客戶的質疑和特別要求的情況下可以做的力所能及的事情。Lara 正在和一個蔬菜銷售網絡平台交涉蔬菜供應項目。起初因為網絡平台售賣的蔬菜品種很多，價格也不穩定，Lara 不知道該如何為該網絡平台制訂供貨方案。在王主任的指點下，Lara 研究了該網絡平台近一個月來的銷售數據，認為有機蔬菜是該平台的熱銷產品，於是想在正式的交涉中引導該網絡平台多進購有機蔬菜。這樣 Lara 的方案就很簡單明瞭，在交涉的時候就能夠明確己方的優勢。

不同的客戶固然有不同的需求，但我們首先要給自己留出交涉的空間，一方面讓我們時刻記得己方的利益和底線，另一方面也能向對方表明我們的基本態度。

⦂⦂伺機而動，時進時退⦂⦂

如果我們交出了己方認為最優的第一方案，客戶也立刻同意了，這是最理想的。但這種情況很少出現。所以，我們要在第一方案的基礎上，根據客戶的態度來做出調整，根據形勢決定進退。

交涉過程中，該網絡平台負責人認為，Lara 制訂的每日供應量計劃，使該平台承擔的耗損風險太大，負責人不樂意接受。於是 Lara 根據對方的要求，制訂了新的方案：銷售量低但價格較高的幾款蔬菜，公司可以在平台用戶下單後再安排批發，但銷售排行靠前的蔬菜，依然要每日定量供應。

Lara 的條件其實是一種**以退為進、伺機而動**的方法。答應客戶非熱銷蔬菜可以按需供應，這是 Lara 的讓步；而堅持熱銷品種要每日定量供應，則是堅持將己方耗損風險降到最低的做法。對方之所以不同意全部品種每日定量供應，關鍵在於擔心部分蔬菜銷售不出，造成損失。而 Lara 根據銷售排行，答應將一部分銷量較低的蔬菜按需配貨，則是回應了客戶在這一方面的基礎性的利益訴求。這種互相讓步、彼此配合的靈活交涉，也有助於雙方及交易流程整體減少耗損風險。

如何讓對方走進你的預設框架

░ 引入協力廠商協助調解 ░

　　如果己方採取了一定的讓步仍無法使雙方達成共識，那麼這時候我們可以考慮引入協力廠商幫助協調。這個協力廠商，最好是中立的、客觀的，熟悉行業慣例且能夠針對實際情況做出客觀評議和理智選擇的。

　　在選擇這個協力廠商時，首先，要確保其與交涉雙方無利益瓜葛，這樣才能確保在調節過程中公平公正；其次，它應該能找到矛盾的焦點。基於以上兩點，最好是選同行業或者相關行業而經驗豐富的協力廠商更為妥當。

職場
筆記

　　我們要善於採取更加容易讓交涉對方「上釣」的辦法，除了初期的「克盡己任」，向對方表示我們誠意之外，在交涉過程中還要靈活應對，讓對方看出我們的「讓步」。此外，還需要提前準備，在難以調解之際可以引入協力廠商協助協調。

交涉後期的注意事項

交涉的最後階段切不可掉以輕心，
應仔細審視以求穩妥。

　　我們需要明白交涉過程順暢與交涉順利結束，兩者是有明顯的區別的，因為交涉的過程側重協商及口頭承諾，而若想要整個交涉都圓滿，我們需要有技巧地結束交涉，並且將過程中所有商議到的事項，都總結到對雙方有約束力的合同或者協議上。

留意時間軸和法律方面的問題

　　時間軸是我們經常會忽略的一個問題，因為循環反覆的交涉過程不僅對交涉預期的達成沒有幫助，同時容易挫傷雙方的積極性，導致雙方對合作事項的興趣度降低。所謂「打鐵趁熱」就是這個意思。

　　因此，我們建議在交涉過程中要特別留意時間軸。比如

Lara 所在的公司是做蔬菜批發的，如果在交涉的過程中浪費了太多時間，那麼就會錯過很多應季的蔬菜。所以在雙方交涉之初就要設定好交涉的時間軸，把每個時間段應該做的事情都標示清楚，時刻提醒自己。

此外，我們還必須要留意法律問題。對於沒有專門的法務部的公司來說，在設計方案及交涉商談之中，要時刻留意己方提出的要求或者對方提出的條件是否合法合規，是否在現行法律框架下行得通，這也是我們不可忽視的問題。

⋮管理約定，不要輕易承諾⋮

Lara 就青椒的發貨數量和客戶交涉，客戶要求一噸青椒需在五個工作日內交貨，因為 Lara 急於簽成訂單，所以就不假思索地答應了。其實當時 Lara 公司收購青椒的主要產地發生了洪災，青椒失收，但 Lara 急於完成訂單任務就輕易承諾了客戶一噸的數量。最後公司只能以高於跟客戶約定價格的價格，在另外產地收購了青椒，按時提供給了客戶，才避免違約的事情發生。

在交涉中要避免第一時間輕易承諾。有時只想快點達成同意，就想當然地覺得客戶的要求「應該沒問題吧」，但實際回公司後發現不可行，如果此時再回絕客戶很有可能會讓對方勃

然大怒，並會讓他人嚴重懷疑己方的實際能力。因為一旦許諾了對方，我們就需要執行，而執行過程需要人力物力。所以，**面對客戶即興提出的要求，我們要進行冷靜分析，看看是否在己方能力範圍內，再決定是否答應。**

其次，不能做到事事滿足，事事答應。對於對方能不能遵守含糊的約定和沒有明確寫進合同的約定，心裏要有所戒備。

交涉需要注意事項

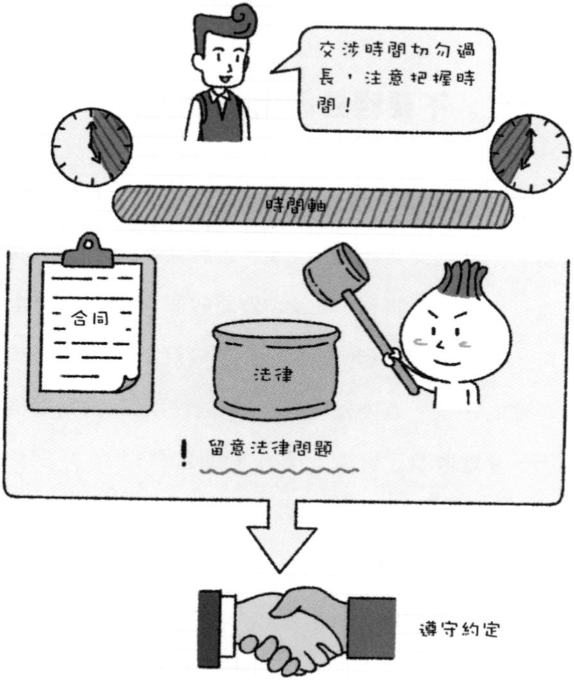

交涉時間切勿過長，注意把握時間！

時間軸

合同

法律

! 留意法律問題

遵守約定

交涉中，不論多小的約定，都應該留意並好好遵守。所以，在交涉的準備階段，對於能承諾的、不能承諾的、需要回公司討論的等各種問題，最好都進行分類，並做好心理準備。

形成共識之時，就要落實到白紙黑字

交涉過程中存在很多主觀因素的影響，比如同樣的內容很可能客戶前半場答應了，後半場卻又變卦，甚至假裝自己壓根兒沒答應過，尤其是對於有風險的內容。因此，在交涉中遇到涉及雙方利益的重要事項或者存在風險的內容，必須要具體落實為白紙黑字。比如蔬菜運輸途中可能會對產品造成一定程度的外皮損傷，因此 Oliver 每次跟客戶簽訂協議時，都會將「外皮輕微破損不影響質量」等條款也體現到合同中，避免引發糾紛。

課 後 作 業

基本

在交涉的過程中不要輕易承諾對方，為交涉成果的執行做好保障。同時，避免出現法律問題。

活用

留意時間軸和法律方面的問題。管理約定，不輕易承諾。形成共識之時，要落實到白紙黑字。

第 4 章

衝突管理及應對方案

交涉中一直出現衝突是正常現象嗎？到底如何界定衝突？如何冷靜地應對這些衝突？

交涉中發生衝突時，不要慌亂，更不能打亂自己預設好的交涉流程。調整面對衝突的態度，抓住和解的機會。

全方位了解衝突

> 衝突就像是堵塞河流的淤泥，
> 會讓交涉舉步維艱。

在交涉的過程中總會出現各種各樣的衝突，這些衝突是如何產生的？我們該如何應對呢？

交涉中出現衝突的情況並不少見，主要是由雙方各持己見、資訊資源不對等、說話方式不恰當等原因造成的。所以在交涉過程中學會正確地看待和解決這些衝突是十分必要的。

在上述產生衝突的原因中，很重要的一項就是雙方各持己見。要知道在交涉當中雙方意見不統一再正常不過了，但如何避免將其深化為衝突也是一門學問。

⋮正確地看待衝突⋮

世界上沒有完全相同的兩個人，即使是雙胞胎也有可能性格迥異。**雙方在交涉的過程中總是會產生各種不一致，這其實就是思想的碰撞和資訊的交流。**

Oliver 最近與運輸承辦商就運輸過程中蔬果的保質問題進行了交涉，原因是公司前一段時間委託運輸方運輸一批進口水果，結果 Oliver 收到貨後發現不少水果都變質了，已經無法銷售，因此他拒絕收貨。而運輸方則聲稱運輸時間、控制條件等均符合 Oliver 的要求，對水果變質一事概不負責。Oliver 對此非常不滿，於是要求對方減免運輸費，以承擔部分責任。但運輸方依然堅持此事與自己公司無關，需要追收全款運輸費用。於是 Oliver 和運輸公司在交涉中起了衝突。

我們可以對 Oliver 的例子進行分析。水果變質應該由誰來負責？雙方都希望由對方承擔損失。這就是一個在交涉的過程，因為雙方各持己見導致的衝突。運輸方和 Oliver 都站在維護自身利益的角度去和對方進行交涉，勢必就會產生衝突。

意見對立不等同於衝突

沒有一種交涉是完全零分歧的，不管交涉的氣氛多麼和諧，雙方完全沒有爭論、沒有意見不一致的情況也是極少存在的。 説到這裏，大家或許就會疑惑了，既然幾乎所有的交涉都有分歧甚至爭論，都有大大小小的意見不一，那交涉過程中是否一定會出現衝突呢？

不一定！

雖然我們上面提及因為意見不統一而出現的衝突時有發生，但並非所有意見相左和對立都會上升到衝突的層面，因為在從意見不一致的爭論到正面衝突這個過程中，雙方的態度、思路調整及溝通技巧起到了很重要的影響作用。

比如上文中 Oliver 的案例，如果 Oliver 和運輸公司在發現對方不願意為水果損失負責的時候，其中一方改變強硬的態度，則衝突就能避免。所以説，我們無須為交涉中的爭論而過於緊張，關鍵在於當我們察覺雙方觀點偏差較大的時候，要注意採取適當的技巧和交涉策略，避免將爭論升級為衝突。

衝突的化解取決於雙方的共同感知

如果上述例子中的 Oliver 在發現水果變質不能銷售之後能

夠站在對方的立場，與運輸公司協商讓其在下一次的運輸費中給予一些折扣，運輸公司會認為自身也有些許責任，也許就欣然答應了。這樣既挽回一定的損失，又沒有讓雙方發生衝突。

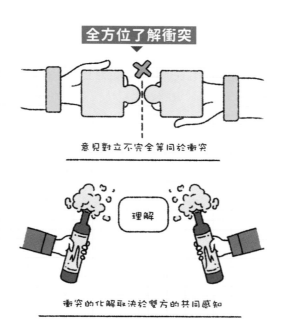

全方位了解衝突

意見對立不完全等同於衝突

理解

衝突的化解取決於雙方的共同感知

可見，衝突是否能化解，很大程度上取決於雙方的共同感知。所謂共同感知是指交涉雙方在明確雙方爭執點的同時，對對方的情緒、態度亦出現了程度類似的感知。一般來說，衝突是「一個巴掌拍不響」的交涉產物，如果一方強硬乃至出現抵觸情緒，但另一方仍未感知到對方的態度和情緒，那麼衝突不一定會出現，因為對方感受不到另一方的「針鋒相對」，這個衝突就很可能「衝」不起來。同理，如果讓對方感受到己方化解衝突的誠意，對方往往也會做出類似的讓步，進而化解衝突。

衝突是雙方的意見對立的產物，同時我們也可以在交涉過程中通過緩和態度、改變技巧等手段化解衝突。

18

應對衝突的良策

> 掌握應對衝突的方法，有助於緩和
> 氣氛，創造更好的交涉環境。

交涉中偶爾遇到與對方產生衝突的情況，面對衝突，我們一般會據理力爭，但結果往往事與願違，甚至導致交涉陷入困境。難道，每當遇到衝突，我們都要選擇妥協嗎？

面對交涉衝突，當然不能一味地妥協，也不能視若無睹地選擇迴避。最好的方法是採用恰當的應對方式去化解衝突。

衝突在眾多交涉情境中在所難免，無論是己方引發，還是對方挑起，我們最好的處理辦法是及時、冷靜地制定應對衝突的良策。

對衝突進行整體上的把握

想要有效地應對衝突，我們首先要對衝突從整體上有一個很好的把握，了解衝突的構成要素。**雖然不同交涉情境下出現的衝突會各不相同，但每種衝突都由兩大要素構成，具體包括衝突的誘因和雙方的立場。**把握好這兩個要素，我們才能更好地針對衝突內容本身做出應對。

Lara 最近與一位客戶發生了衝突，對方收貨後認為到貨的進口牛油果比預訂的貨版尺寸要小，於是客戶要求 Lara 按照迷你牛油果的批發價來結算。

Lara 發現這批牛油果尺寸確實比上一批個頭小了一些，但遠不到迷你牛油果的程度，於是拒絕了客戶的要求，畢竟迷你牛油果的價位比普通牛油果每一千克要便宜近五元。於是雙方起了爭執，引發了衝突。

以這個案例來分析，我們可以看到，雙方對於牛油果是否應該按照迷你牛油果的價格結算產生了分歧，這是衝突的誘因。而後，我們可以分析雙方的立場，Lara 的立場是「牛油果

尺寸是小了一點兒，但遠沒到迷你牛油果那麼小，所以需要按照正常牛油果的價格來結算」。而客戶的立場是「牛油果的尺寸幾乎相當於迷你牛油果，應該按後者價格來結算」。通過對這兩點進行分析，就能夠從整體上把握這次衝突了。

迎戰還是迴避？

一旦衝突已經發生，我們應該勇敢地迎戰還是適當地迴避？

應該迎戰還是迴避，我們不能一概而論，需要根據雙方的態度以及實際情況來下定論。如果對方的態度非常堅定，而且觀點十分明確，理據充足，我們能感到迴旋的餘地不大，那麼這種情況下我們可以選擇做出妥協，迴避衝突。但如果對方的觀點及相關支撐觀點的論據有明顯漏洞或者毫無道理，那麼我們可以選擇迎戰，用實際數據來與對方周旋。

當然，**無論是迎戰還是迴避，我們都需要有一定的底線，要竭力保住己方利益，不能因一時衝動而使交涉到達「魚死網破」的地步。**

還是拿上述案例來進行分析。Lara 和客戶衝突的關鍵在於「牛油果的尺寸是否符合約定」。具體分析來看，如果牛油果的尺寸偏差屬於可接受的範圍，那麼 Lara 可以據理力爭，堅持原價。但如果牛油果的尺寸真的比較小，確實幾乎接近迷

你牛油果的尺寸，那麼 Lara 確實可以選擇迴避衝突，做出一定的妥協，給客戶一定的折扣，讓客戶在接受這批尺寸有偏差的牛油果的同時，對雙方的下一次合作仍抱有信心。

∷應對衝突的一般流程∷

通過對上述內容的闡述，我們可以看出，每一次衝突都有一個基礎的構成要素，而且我們可以根據實際情況來決定是迎戰還是迴避。

至此，我們可以總結出應對衝突的一個基本流程。

第一步，我們要及時、冷靜地分析這次衝突的誘因及關鍵爭執點在哪裏，明確衝突因何而起，這是大前提；第二步，我們就要透過分析交涉內容和對方的要求、條件等，了解對方的態度和觀點；第三步，我們要分析比對關鍵爭執點，分析己方的實際情況，這一點非常重要；第四步，分析完上述三點之後，我們可以決定採用哪一項觀點和態度與對方進行周旋，讓交涉繼續進行下去。

應對衝突的一般流程

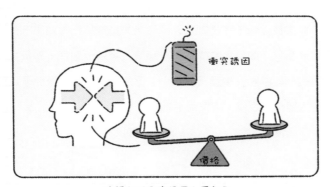

冷靜分析衝突誘因和爭執點

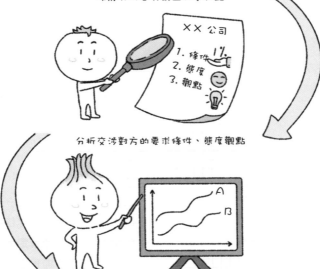

分析交涉對方的要求條件、態度觀點

結合自身情況，分析對比爭執點

所以在上述案例中，Lara 需要根據訂貨合同分析：對方是否具備退貨的條件，一旦對方申請退貨將會對己方造成多大損失？如果按照每千克便宜五元的價格去結算這批牛油果，是否會造成虧損？如果會造成虧損，那麼是否給予客戶一些折扣，如果這既能讓客戶接受又能減少自己的損失，還能避免矛盾的產生影響後續合作，何樂而不為呢！

　　管理和應對交涉中的衝突時，我們要先對衝突的整體進行把握，其後再根據對方的態度，比對己方的實際情況，再確定是迎戰還是迴避。無論是迎戰還是迴避，我們都要以己方的實際情況和利益為基礎，採取恰當的策略與之周旋。

調整態度之一：
習慣衝突

> 交涉時發生衝突在所難免，
> 我們需要調整態度、習慣衝突。

交涉中出現衝突，是否代表交涉難以如期進行、成效一定會偏低、一定不能成功、己方利益將難以實現等問題？

首先我們要明白，無論是何種交涉，都有出現衝突的可能，我們需要有心理準備，不要發現衝突出現了就手足無措。其次，從心態上講，我們要擺脫害怕衝突發生的心理，要有應對衝突的信心。

想要學會處理衝突，我們首先要調整對衝突的態度，其中最先要做的就是習慣衝突、適應衝突。

∴ 積極應對衝突 ∴

Oliver 的工作對象都是公司的大客戶，由於客戶的訂單量大，因此要求也多。

客戶要求將原本六個一盒的水果進行獨立包裝，以便保鮮。Oliver 基於包裝費會大大提升的考慮，拒絕了這個要求。客戶不滿，雙方出現了衝突。面對客戶突然的不滿，Oliver 考慮到客戶訂單量大，就選擇了讓步，滿足客戶的這個額外要求。Oliver 原本以為這次讓步能推動交涉順利完成，可沒想到客戶隨後提出了更多的要求。

其實 Oliver 大可以以「原裝進口」「不環保」等理由進行婉拒的。而他卻因為害怕與對方產生衝突，從一開始就選擇作出讓步，這就很容易讓客戶「得寸進尺」，提出更多要求，讓自己在交涉的一開始就處於「低人一等」的地位。

我們與他人發生衝突的時候，通常會有兩種反應：一是迴避，二是爭吵。衝突一旦發生，我們一般首先傾向於迴避，盡量避免爭吵。有時候可能還沒弄明白衝突發生的原因和構成要素，就一味地選擇退讓，認為息事寧人就能解決問題。但其實

問題還是在那邊，永遠不會隨着時間的流逝而消失。**因此學會正確地看待並解決衝突，才是解決問題的關鍵。**

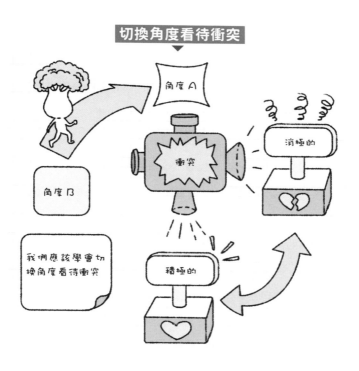

⁞⁝切換角度去看待衝突⁝⁞

　　想要調整面對衝突的心態，習慣衝突的發生，我們還可以學着從不同的角度去看待衝突本身。正如 Oliver 的例子，面對客戶「將每個水果獨立包裝」的要求，如果 Oliver 從「客戶的要求會使己方包裝成本增加」的角度去思考，那麼他自然會認為客戶的要求會對己方利益造成損害。但如果 Oliver 嘗試切換角度，就會發現，其實他能從「獨立包裝費」的角度出發，答應對水果進行單個獨立包裝，但需收取包裝費。這樣，就能將衝突的難點拋回客戶身上。

　　而且，從 Oliver 的角度看，從被動地選擇是否答應客戶要求，轉向主動地向客戶提出新的收費項目，一方面化解了雙方矛盾，另一方面也衍生了新的利潤來源的可能性。Oliver 在整個衝突中的角色發生了變化，從被動轉向了主動。

　　此外，在切換角度的過程中，我們也要注意着眼點，不能只顧着過去和現在，也要有未來視角。所謂未來視角，就是當我們分析問題的時候，不能光看是否對現在的交涉有利，還需要看看倘若想要未來的合作更加順利，我們當下應該如何去對待這個問題。

　　比如 Oliver，面對單個水果獨立包裝的要求，如果當下答應免費為客戶獨立包裝，那麼以後和這個客戶的合作是否也要

免費？相反，倘若收取費用為客戶提供獨立包裝，那即使這個客戶不答應，獨立包裝本身能不能成為公司的一個可選付費項目，萬一別的客戶也需要這樣的服務呢？這就是未來視角的一種體現。

所以說，**當切換角度的時候，我們需要從長遠的可操作性上考慮最有利於己方的角度。**

職場筆記

習慣和適應衝突，是調整應對衝突心態的第一課。想要做好這一點，我們要摒棄對衝突的恐懼感，不要一味迴避和讓步。要敢於正面回應衝突，並且要善於從多個角度去思考衝突本身，學會從不同的方向、不同的視角對衝突進行思考和處理。

LESSON

20

調整態度之二：
降低期望值

> 世上沒有完美的客戶，
> 調低期望值令大家都好過。

為甚麼交涉的時候總有「理想 vs 現實」的差異出現？明明已經設計好的交涉策略，甚至連可能發生的爭執點都想到了，但到了正式交涉的時候，對方的反應還是會讓己方陣腳大亂？

理想和現實的差異是經常出現的。我們之所以會覺得對方的反應出乎我們的意料，交涉過程不如預期，很大程度上與我們對對方的期望值有關，這指的是我們把對手想得太完美，將交涉過程設想得太順利了。

處理衝突的過程是雙方的一場較量，如果你把對方想得太簡單，那麼對方稍一不客氣就可能讓你亂了方寸。因此，不建議大家將對方的期望值放得太高。**學會降低期望值，做好最壞的打算，才是我們應該具備的應對衝突的良好心態。**

對對手的期望值過高，容易導致衝突升級

Lara 與一家倡導綠色生活的客戶洽談有機蔬菜訂單時發生了衝突。對方在剛開始時態度很好，而且公司理念也很健康，於是 Lara 從一開始就覺得對方是有禮貌、講道理的好客戶。可沒想到，對方對食材的外觀非常挑剔，明明是各項檢測都合格的產品，偏偏因為菜葉不夠鮮嫩、菜梗不夠粗大等原因被要求換貨。Lara 沒想到對方會如此挑剔，於是一聽到對方的要求，就覺得客戶很「無理」，和客戶爭執了起來。

我們仔細分析後可以發現，其實「換貨」要求本身並不無理，Lara 覺得客戶「無理取鬧」的原因是被客戶之前「有禮貌、講道理」的形象迷惑了，認為客戶不會有太多意見，對客戶的期望值過高。但事實上，作為訂貨方，是有權利對貨物「挑三揀四」的。如果 Lara 能意識到這位客戶其實和別的客戶一樣，也會提出諸多要求，那麼 Lara 的反應可能會稍微緩和一些。

可見，**對對方期望值過高，很可能導致我們面對衝突時出現過激反應，致使我們做出始料不及的回應，導致衝突升級。**

高期望值更容易導致不滿情緒

為甚麼說對對方的高期望值容易導致不滿情緒的產生？

打個很傳統的比喻，家長對孩子的考試分數預設為一百分滿分，當孩子只考到九十五分的時候，我們就會覺得孩子沒達到我們的期望值，從而批評孩子。但相反，如果我們只要求孩子及格即可，那麼九十五分則大大超出了我們的期望，我們會以另一種態度去對待孩子的成績。

對交涉對手的期望值會影響我們對衝突的反應，也是這個原理。因此，我們要學會適當降低對對手的期望值，不要將對方想得過於親切，更不要設想對手會事事顧及你的感受，滿足你的要求。這樣，我們就更能控制自身情緒，以更清晰的思路應對衝突。

着眼於如何解決實際問題

處理交涉衝突的時候，我們要調整心態，那就是不要着眼於對方，而應該着眼於衝突和問題本身。

降低對交涉對手的期待值

想像中

現實中

- ☑ 對方講道理
- ☑ 對方和我方的要求一致

- ☒ 對方要求嚴格
- ☒ 危及我方利益

Lara 之所以在客戶拒絕時有這麼大的反應，是由於她沒想到看起來很好相處的客戶會提出如此挑剔的要求，因此，她沒有徹底分析這些要求本身是否合理，就急着反駁客戶。但從客戶的角度上講，其要求並非完全沒有合理性。如果客戶專注於蔬菜形態和外觀這個問題本身，Lara 只要客氣地跟客戶解釋「有機蔬菜不使用化肥，所以菜梗不能像普通蔬菜那麼『粗壯』呢」，沒必要非要強硬地拒絕客戶換貨的要求。

因此，在交涉中，我們應該時刻着眼於問題本身，看雙方的爭執點是甚麼，應該採取甚麼實際行動去解決問題。這樣，我們才能更加客觀和有針對性地處理衝突。

職場
筆記

我們要習慣降低對對方的期望值，凡事做好壞的打算，調整面對衝突的心態。同時要保持客觀，一旦出現矛盾和衝突，我們要着眼於實際情況找準矛盾所在，而不是着眼於我們對對方的期望及對方的實際反應。

LESSON

21

創造**和解**的機會

能否一擊即中化解衝突，關鍵在於
有沒有洞悉並抓住和解的機會。

在不盲目退讓和妥協的前提下，到底怎麼去
抓住化解衝突的機會？我們應該如何在一次
交涉衝突中找到突破點？

一般來說，不同的交涉衝突，其化解的契機
是不一樣的，我們大概可以從以下三個時刻
去分析是否能夠有機會化解衝突：一是對方
態度軟化時，二是己方佔據上風時，三是己
方願意作出讓步時。

交涉衝突中與對方和解，也考驗己方對契機的把握是否準確，在適當的機會下與對方和解，能夠達到化解衝突的效果；相反，不僅會更難化解衝突，同時也可能會讓己方利益難以實現更大化。

不能依靠爭論來解決衝突

交涉衝突會牽涉爭論，正是由於雙方意見不合，討論進一步惡化才有了交涉衝突。我們需要端正態度，**不要妄想依靠爭論來化解衝突，因為持續地爭論只會讓矛盾繼續惡化，雙方關係變得更加緊張。**

Oliver 所在的部門正在討論把哪種產品作為下一季的主打產品。在會上，Oliver 與同事產生了分歧。同事依據去年同期銷售數據推薦大白菜，而 Oliver 則主張以市場上正流行的蘑菇作為主打產品。二人爭論不休，會議被迫中斷。

在這個例子中，Oliver 和同事提出的論點都沒有問題，但最終導致交涉無疾而終，雙方鬧得不愉快，主要是由於 Oliver 堅持和同事爭論。我們要明白，交涉中的爭論與我們在校園參加的辯論賽不同，沒有裁判這類客觀的角色在一旁審視我們的論點和論據。

因此，交涉中的爭論就會像拔河一樣，你愈用力，對方也會愈用力來拉扯你，從而導致雙方關係進一步僵化。如果 Oliver 和同事能夠各自先了解對方的立場，然後再結合現實情況達成一致的意見，那麼就不會出現會議目的沒有達到還傷了和氣的情況了。所以，我們不要指望依靠爭執來結束衝突，我們要做的是多想想如果雙方交涉成功所帶來的好處。

化解交涉衝突，要警惕好勝心理

事後 Oliver 回過頭來審視自己與同事爭論的經過，他發現當同事對自己的提議提出反對意見時，自己就很生氣，覺得這麼完美的提議怎麼會有人提出反對，於是就馬上想要回擊對方。

Oliver 的好勝心理會讓自己馬上處於攻擊模式，這種情況是需要警惕的。因為在交涉衝突中好勝，很容易導致我們的言辭過於激烈，影響雙方關係，進而影響交涉進行。**我們要拋開「一定要在衝突中贏對方」的好勝心態，需要更加從容、豁達地對待和分析對方的要求。**

時刻以維護己方利益為原則

想創造和解條件，必須先有和解意識。要如何確保自己在

警惕好勝心理

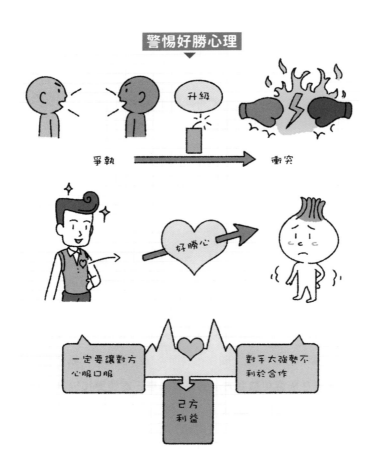

與對方的爭論中始終能保持清醒並抓住和解的契機呢？關鍵在於我們要時刻提醒自己要以維護己方利益為原則。

　　或許衝突的過程並不愉快，對方的態度、言辭甚至會讓你感覺受了委屈。但無論如何，維護己方利益才是最大的目標。樹立起這個觀念之後，我們就可以分析：如果做出妥協，促成和解，我們所能收穫的利益是多少？是否真的會比交涉失敗產生的利益損失嚴重？如果和解雖然於利益有損但仍能保持一定獲利，那麼我們就要提醒自己，着眼於維護己方利益，尋求恰當的方式與對方進行和解。

職場筆記

　　選擇與對方和解，尋求化解衝突的方式有助於更好地推動交涉發展。面對衝突，我們不能用好勝心態面對，更不能試圖壓倒對方來實現目標。關鍵在於以維護己方利益為原則，要適當地控制自己的情緒，抓住和解的機會。

TIPS!

解決交涉中衝突的 小技巧

交涉中遇到衝突時，
我們可以用一些小技巧來化解。

　　職場交涉中的衝突不等同於平時生活中的爭執，甚至爭吵，因為交涉本身是對語言技巧、觀察技能及思維分析能力的綜合考量。想要避免正常的衝突升級為激烈的爭執，最重要的是掌握及時解決衝突的技巧。

　　交涉是一門學問，我們首先要正確看待交涉及交涉中的衝突，而後還需調整自己的思維，在交涉中保持自身應有的態度和教養。

明確是否有衝突需要解決

　　大多數人都不喜歡與人發生衝突，也不是所有意見不一致的情況都會演變成衝突。要學會判斷當你對這次交涉採取沉默

的態度時是不是會產生更好的結果，如果是，則可以避免爆發衝突；如果不是，則需要說出自己的想法，表達自己的觀點。

很多時候，對方提出的觀點與我們的意見相反，這就是出現衝突的原因。但其實，這種衝突或許可以在一開始就被扼殺，因為通常我們認為非常不合理的要求在對方看來，很可能就很合理。因此，**我們在面對不同意見的時候，可以開拓思路，豁達地進行換位思考，分析對方的這個要求背後反映了對方甚麼訴求。**一旦我們明白為甚麼對方會這樣要求，我們就能更加冷靜地應對，而非一味強硬地拒絕。

⋮判斷解決衝突的時機和地點是否恰當⋮

如果你正在和客戶進行商業聚餐，或者參加客戶舉行的活動時，最好不要與客戶發生衝突。Oliver 就是因為在一場公司舉辦的招商酒會上與老客戶發生爭執而被高層警告了。在商務活動中，因為各人都會站在自己的立場去考慮問題，所以在商務談判交涉中出現衝突是很正常的，也是可以互相理解的。但是在一些相對輕鬆的場合，還公事公辦地去討論問題，很容易被人當作固執、計較的人。一但給人留下這樣的印象，那麼在後面的正式交涉中就很難達成滿意的合作了。

⠿交涉開始前後都要學會傾聽⠿

　　在交涉前，也需要認真聽取對方的想法。如果對方的想法與你的預期相差太遠，你就會產生不良的情緒，從而導致衝突爆發。

　　同樣，在衝突爆發後，只是一味地提出自己的觀點和立場，聽不進對方的解釋和訴求，也會讓衝突升級。

　　在衝突開始後，我們應該還繼續懷有一種好奇心，讓我們忽略掉那些言辭激烈的爭執，傾聽對方的解釋和訴求，進而從中發現解決衝突的可能性。

⠿必須對立時要敢於表明態度⠿

　　當然，並非換位思考就能解決所有衝突，因為並不是每一位客戶提出的要求都是合理的，當對方的要求嚴重影響己方利益的時候，我們依然要無所畏懼地表明態度。而在這個時候，我們需要做到的是明確表示己方的立場，以及表現出與對方力爭的決心和勇氣。正如行軍打仗時的兩軍對陣一樣，如果對於某個爭執點，雙方利益不可調和，必須要對方做出適當的調整或退讓，那麼我們就要強化己方的態度，讓對方感受到我們的堅持。**在必須對立的時候，有對立的勇氣，才稱得上是值得尊重的對手。**

解決交涉衝突的小技巧

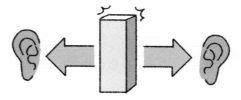

交涉前後學會傾聽

對立的時候
必須敢於表
明態度

⠿寧思自己過，莫論他人非⠿

　　交涉之中，我們的措辭非常重要，尤其是發生衝突的時候，我們說出的言語會彰顯我們的教養。在撇開語言技巧的前提下，我們首先要做到的就是**不能詆毀或者中傷他人。**

　　Lara 最近遇到一位脾氣暴躁，而且不懂行銷的客戶。Lara 跟王主任抱怨的時候，用「是不是沒讀書啊，怎麼說他都不明白甚麼是進出口清關，不是說要貨就馬上有貨啊！」來描述客戶。王主任立刻提醒 Lara，切不可中傷客戶。一方面不能這樣對對方說，另一方面 Lara 自身也不應該這樣看待客戶。因為這是一種職業教養，我們不能中傷客戶，更不能戴着有色眼鏡過於主觀地評價客戶。

　　交涉雖然是一種以達成己方利益為目的的溝通，但也離不開相互尊重，只有在這個前提下，才有可能交涉成功並實現雙贏。

課 後 作 業

基本

面對交涉衝突的時候，我們需要恰當地調整自身思路，以正確的心態和技巧處理衝突，避免衝突激化。

活用

我們在必須堅持的時候，要敢於展現對決的勇氣，還需要想方設法創造和解的契機。無論是否面臨衝突，我們都要做到尊重對手，爭取交涉成功並實現雙贏。

第 5 章

助交涉一臂之力的
辯論知識

交涉中最重要的技能莫過於辯論了，你是否了解辯論是如何貫穿交涉始終的呢？

辯論和交涉的關係密不可分，如何利用「立論」來緊緊圍繞自己的利益與對方周旋？在遇到被反問的難處時，如何運用辯論技巧勇敢地反駁對方？這是商務交涉中最重要的交涉能力之一。

LESSON 22

辯論的基本規則

> 辯論不是要人的順服,而是信服。

正所謂巧舌能抵百萬師,那麼們是不是只要做到巧舌如簧或者強勢進攻,將對方的氣焰壓倒,就可以獲得辯論的勝利呢?

其實,當我們在辯論的時候,最佳的效果不是要求別人「順服」你所說的內容,而是「信服」。順服和信服不同,順服是指無論你說甚麼,都要求對方認為你所說的是對的;而信服則是你通過論證,讓對方心服口服。

在辯論的學術範疇中，其中一個最為基礎的概念就是立證。立證是指我們為了達到某一個目的，通過講事實、拿證據，實現我們想要得到的成效。和普通的情感抒發或者談論議事不同，立證的目的就是讓對方接受我們的主張。這一點，也是貫穿辯論的核心。

辯論基本規則一：明確辯題

無論是正式的辯論還是生活中的日常爭論，都有明確的辯論焦點，在辯論學上，這個辯論焦點被稱為「辯題」，其含義是「需要雙方通過溝通解決的爭議」。簡而言之，所有的辯論都是圍繞解決這個爭議而引發的。因此，明確、訂立辯題就是辯論產生的基礎條件。

比如在美國，競選辯論常常被用於參眾議員選舉之中。因此，競選辯論是整個選舉過程中必不可少的環節。而在競選辯論中，辯題是「我是最佳的候選人」或者「誰最適合當選」，那麼，參加競選的候選人就需要圍繞「我是最佳的候選人」「我是大家的最佳選擇」這個方向去下苦功，以自己的政績、政治理念等為論據進行辯論，讓受眾和選民相信自己是大家的不二之選。

明確辯題非常重要，辯題是整場辯論的核心。正如我們

提及的美國競選辯論，大家可以試想一下，倘若沒有明確的辯題，競選辯論的相關議題之多或許足以讓辯論雙方「對峙」上幾天幾夜。所以說，一切辯論都起步於辯題的確立。

⠿辯論基本規則二：以理服人⠿

和日常工作生活中的許多溝通交流不同，辯論有一個基本規則，那就是講道理。參與辯論的雙方會因自己的目標，先確定自己的某種立場，然後再拿出事實、數據等一系列論據來說明自己的立場為甚麼是對的。

Oliver 和 Lara 正就客戶報價單的問題展開了辯論，Lara 主張按照上一季度的價格給客戶報價，而 Oliver 則主張加價 4.5%。Lara 認為：客戶對這個價格接受程度較高，能盡快簽訂訂單。但 Oliver 認為：雖然按照上一季價格給客戶報價能盡快簽單，但是進貨價和物流費用都有一定的升幅，客戶需要接受市場價格波動帶來的影響，才能保證己方利潤，如果總是虧損經營，合作也不能長久。

最終 Lara 同意了 Oliver 的觀點，給客戶加價報價。

明確辯題和以理服人

明確辯題

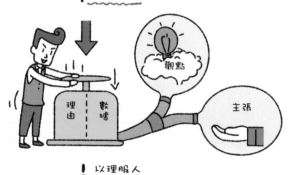

以理服人

我們從上述例子中看到，Oliver 和 Lara 在辯論過程中都不可或缺地添加了數據、理由去支撐自己的觀點和主張，但 Oliver 的理由更充分、更合理，所以 Lara 同意了 Oliver 的觀點，這就是辯論的第一項基本規則。我們想要和對方有效地開展辯論，首先就要從「道理」着手，嘗試以理服人。

辯論基礎規則三：活用理性以外的訴求

如果可以做到每次辯論都就事論事，有理有據自然是最好，但生活工作中不遵循以理服人規則的例子非常多，如以前輩身份掌控話語權，以人情、面子為由要求別人順服等，都是常見的辯論手法。

不過，水能覆舟亦能載舟，針對種種不以道理、論據為前提的辯論，我們也可以「收為己用」，善用這些以「人」作為出發點、理性以外的訴求。

辯論雙方可能暫時未能達成共識，但基於雙方關係良好，其中一方可能會提出「相信我，就支持我吧！」「高層既然這麼決定，一定有他的道理」等這些非理性訴求。相當於跳出爭議和分歧的本身，**以「人」及「人對人」的情感作為切入點，希望得到對方的認可。**

另一種是以「情」動人。比如在與客戶的交涉或辯論中，用「我們都合作這麼久了，您就相信我吧」這樣說法就是在以「情」動人，這也是辯論中經常會用到的一種技巧。不過，提出理性以外的訴求時往往有一定的前提，一般適用於雙方關係比較牢固和熟絡的情況。如果是面對初次合作的客戶，這種方法是無效的。

明確辯題，讓雙方的辯論有清晰、具體的焦點，這是辯論的第一步；其後，我們針對辯題設立己方主張後，一定要找到數據上的論證支撐，以使他人信服。過程中，如果雙方熟絡到了一定的程度，我們還可以因勢利導地採用以「情」動人的做法，從而達成目標。

辯論所需的 各種能力

> 辯論是一種考驗一個人的理解、 分析及語言組織能力的活動。

我覺得自己平時在日常生活中挺能言善辯 的，可一到辯論時，就容易「甩轆」，甚至 被對方牽着鼻子走，難以反擊。這是不是我 自身語言能力不足的表現？

辯論體現一個人的邏輯思維水準，雖然它是 一種以語言為基礎的溝通行為，卻不僅僅對 語言的表達能力有要求，而是要求參與者在 整個辯論過程中必須具備一種綜合能力。

那麼，辯論到底需要甚麼樣的綜合能力呢？首先，要有正確清晰的主張；其次，要有縝密的邏輯思路；再次，要有抓住反擊時機的判斷力及攻擊對方觀點的勇氣；最後還需要有清晰流暢的語言表達。這些都是辯論所需的各種能力。

完備的邏輯思考能力

第一，在辯論中，邏輯思維起着極為重要的作用，它使人嚴謹、有條理，進而使立論變得牢不可破。首先，必須運用邏輯思維透徹地分析辯題，明瞭辯論雙方的真實的邏輯地位和邏輯困難。比如 Lara 和 Oliver 就「成本增加才是提高報價的必要條件」這問題進行辯論的時候，正方 Lara 的邏輯就是「只有成本增加才能提高報價」。也就是說，Oliver 只要舉出例子證明「成本沒有增加的情況也能提高報價」，Lara 的說法在邏輯上就被打倒了。

第二，在辯論的語言表達中也要講究邏輯層次，要做到條理清晰。

第三，要善於歸納。善於歸納的人，就能在辯論中很明確地找準對方的漏洞，並抓準要害進行「攻擊」，給對方致命的一擊。

培養對對手觀點的理解力、分析力和判斷力

在確立好自身主張的邏輯之後，我們還要在辯論中快速地理解和分析對方的邏輯思維，伺機而動。**懂得適時反擊，並一舉找到對方最薄弱的環節。**

相傳，曾經有一位意氣風發的學生找愛迪生討教自己的一個想法：萬能溶液。學生的主張是：「世界上必然能存在一種物質，能打破物質的分子結構，溶解所有物質，我立志要製造出這種萬能溶液。」愛迪生反問該學生：「那應該用甚麼來裝這種萬能溶液呢？」學生頓時無言以對。

對於上述例子，我們可以進行分析。首先，我們理解的學生所提出的主張是「萬能溶液」，其邏輯是「一定存在能溶解所有物質的溶液」，經過這兩點的分析，隨後快速判斷，找出最佳反擊點。愛迪生就找到了他最致命的邏輯薄弱點——既然溶液溶解萬物，那能用甚麼容器來裝它？一旦能配備裝它的容器，那它就不是可以溶解萬物的萬能溶液了。

通過這個例子我們能夠發現，對對方觀點和主張的理解，是我們後續進一步進行辯駁的基礎，而後我們需要分析其主張的邏輯構成，並判斷應該從哪一個環節進行最有效的反擊。

多元化的能力

除了上述的兩點之外，辯論中還需要一些多元化的能力。

交涉能力：辯論不同於吵架，是辯論雙方就一個論題互相闡述自己論點的交涉。因此，辯論的時候，為了達到以理服人的目的，積極尋找對己方有利的陳述和論證，這也是一種交涉能力。

持久力：一場辯論賽，不可能寥寥幾句就匆匆收場。所以在辯論當中，保持思想高度集中的持久力就顯得尤為重要。

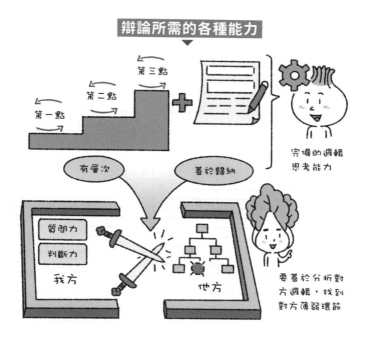

辯論所需的各種能力

質問力：質問力通常和辯論中的「反駁」一起出現。所謂反駁，就是辯論中的一方提出自己的論點，進而否定對方和自己的不同看法的行為。你一旦抓準了對方的弱點就要馬上進行反駁和質問。**在論戰中，要對對方提出的觀點進行有針對性的駁斥和質問，直擊要害，當對方的論點站不住腳時，自然就會低頭認輸。**

團隊合作的協調力：辯論的一方通常由四個人一起進行陳述和辯論。一辯陳述己方的觀點和立論；二辯三辯負責在舌戰中攻擊，主要是提問和解答；四辯是陳詞總結。四人既有分工，又有合作，既有區別，又有聯繫。在辯論中，四位辯手之間針對本方的辯題也要相互協調，一位辯手如果說得不全面，另外的辯手一定要加以補充說明。如果每個人只是「公說公有理，婆說婆有理」，我們就會陷入被動地位，被對方牽着鼻子走，最終以失敗告終。

職場筆記

辯論除了考查一個人的邏輯思維能力，還考查辯論者對對方主張、邏輯的理解和分析能力。辯論者要有精準的判斷力，找準反擊突破口，進行有效反擊。

讓你的立論熠熠生輝

> 精準有效的立論是具有辯論層次和深度的大框架。

立論，是辯論中不可缺少的環節，但辯論主要講求的是論據對論點的支撐力。因此，是不是數據、論據部分才是立論的重點呢？

立論固然要講求豐富、實用的論據，但論點才是最基礎的。論點如果站不住腳，那麼即使再翔實的論據也會顯得牽強附會。同樣，除了論點和論據之外，恰到好處的行文修飾也必不可少。

如果將立論比作人體的話，那麼強而有力的論點就是人體的骨骼，它決定了整個立論是否站立得住；其次，多角度、多層次的論據就如豐滿的血肉，能讓立論充滿活力和力量；最後，良好的行文修飾就好比人的衣服，既要得體又要與主體配搭得當。

論點是立論的重中之重

論點，體現我們整個立論的核心觀點，是辯論必須圍繞的中心點。而在這個論點確立的過程中，我們需要特別留意兩點：**一是哲學思考，二是關於這個論點的定義。**

一個好的論點主張，必須要包含一定的哲學思維。比如，從企業發展上看，我們的論點是否符合公司的發展理念，是否符合公司的企業文化，是否對公司業務有推動性作用等，這些是我們必須要首先思考的問題。

一般來說，愈是符合現行主流哲學，符合企業成長需求，符合客戶關係維護和開拓的論點主張，就愈容易讓人所信服。

二是關於這個論點的定義。任何一次辯論的爭議點，都離不開對概念和定義的討論。在工作中，這些定義的討論主要體現在辯論過程中，我們運用定義劃定辯論的範圍。比如，哪些利益屬於己方，哪些利益屬於對方，哪些義務是需要雙方共同承擔的，哪些風險是需要雙方提前商討的等。對於定義的把

控，我們要用心設定，盡量將其具體化、細致化，不能一概而論、籠統概括，否則後續實踐有可能因此而衍生出釐定不清導致紛爭的局面。

∴善用論證、論據豐富立論∴

有了核心的論點，我們就有了核心力量。接下來就需要圍繞這個論點，準備必要的論證和論據。在這個過程中我們要盡量讓論證、論據豐滿起來，切忌單一化和淺層化，應該要做到有基礎、有層次、多維度。

Oliver 和 Lara 就一個項目的可行性報告方案進行辯論，Oliver 着眼於與客戶開展這個計劃的具體步驟，而 Lara 則着眼於雙方目前的現實狀況及有利點、不利點。先不論 Oliver 和 Lara 雙方的論據能在多大程度上支撐各自的主張，我們首先可以看到雙方論據的不完備性。其實，想讓一個論據變得有力，首先需要像 Lara 那樣紮根於實際，以實際現狀為出發點作為立論的基礎；其次，還需要從不同維度分析雙方的有利點和不利點，因為有利點很可能成為我們立論並順利使對方信服的王牌，而對不利點我們也要做到心中有數，因為這很可能成為我們被對方反擊之處。

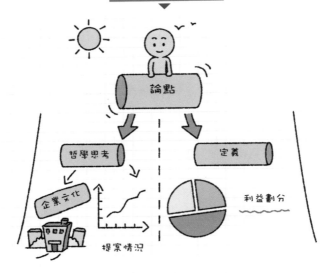

論點是重中之重

論點

哲學思考

企業文化

提案情況

定義

利益劃分

但光有這個基礎和多維度分析還不夠，我們還需要像 Oliver 那樣，讓立論有層次。所謂有層次是指我們在了解現狀、分析利弊優劣之後，要有針對性地設計出有實際意義的方案。所以，Oliver 和 Lara 兩個人的觀點合併才能讓這個項目的可行性報告方案更加完善。

得體的行文措辭

　　相信大家一定有經驗，準備好稿件的發言，一定比毫無準備的即興演講來得順暢。辯論也一樣，**在理論階段如果能先打好稿，並且注意整個立論的行文措辭修飾，往往能對自身的理論起到很好的輔助性作用。**無論我們的論點如何明確、清晰，論據如何有力，如果行文措辭用不好，影響到對方的理解，則非常容易在辯論中吃虧。

　　對於立論行文，我們要避免採用過於華麗、浮誇的表達，要以得體為準。

　　何謂得體？比如「對於這個現象沒甚麼好說的，這是一個近乎常識的事情」與「鑒於大家對這種現狀較為熟悉，我在此不做贅述」兩個句子的核心意思是一樣的，但由於採用的詞語、語氣、修辭的不同，兩個句子給人的感覺大相徑庭，前者給人一種傲慢感，而後者則較為客觀，這就是得體與否的表現。

一般來說，得體的立論行文要講求客觀，盡量採用客觀陳述或引用權威性表述，以避免融入太強的情感色彩。同時，要多用「第一、第二」「首先、其次」「因為、所以」「雖然、但是」等句式，讓立論的行文脈絡更加清晰，同時讓大家能更容易感受到行文的遞進、因果、轉折關係等。

職場
筆記

　　立論是整場辯論的核心，一方面我們要清晰地表達出己方貫穿整場辯論的核心觀點，另外還需要從實際現狀、優劣利弊入手，堅實論據、論證的全面性和支撐力。辯論過程中要注意採用客觀、權威的行文措辭，切忌使用過於誇張、華麗、帶有強烈個人情感色彩的表達方式。

有效反駁的
三大方向

> 反駁是推翻對方論點，
> 宣揚己方主張的關鍵一步。

很多時候辯論就像是一場沒有硝煙的戰爭，敵我雙方唇槍舌劍、爭執不下的場面時常出現。如果說反駁是最有效的進攻，那麼辯論有沒有可能「以守代攻」？是否必須要反駁對方？

辯論是一種以讓對方信服己方觀點立場為目標的溝通行為，一來，我們不能將辯論中的反駁與日常交流的爭執等同化，二來，害怕反駁對方是難以取得辯論成功的主要原因，因為以論證證明自身觀點的正確性與通過反駁證明對方觀點的不正確同樣重要。

反駁是辯論中的必需技巧，那我們應該如何進行反駁？

其實，強而有力的反駁需要以我們對對手論點、論據的充分理解和分析作為基礎。而在技巧上，針對不同的辯題、實際情況及對方的邏輯思維方式等，我們可以從以下三個方向來進行反駁。

⠿反駁對手的論點⠿

對方的論點能體現出對方的立場和觀點，一旦我們能理解對方的論點並分析出其論點的可攻之處，就能進行有力的反駁。其中較為實用的一種反駁方法是「定義法」。**如果對方的論點明顯與常識相悖，我們可以直接從這個角度做出反擊。**比如對方的論點是，「如果客戶覺得服務無法接受，就會填寫意見表；既然沒有客戶遞交意見表，則證明客戶對服務都滿意」。這裏，己方可以反駁「不填寫意見表不代表滿意」。

還有較為常見的情況，例如：一九八六年亞洲大專辯論會上，辯論雙方抽到了「外來投資能確保發展中國家經濟快速增長」的辯題。自然，正方的論點是「外來投資能確保發展中國家經濟快速增長」，而反方則是「不能確保」。這時候，正方明顯處於一個非常不利的位置，於是，正方提出「確保不等於百分之百地保證」，期望以此來展開辯論。但反方則運用定義

法，提出「確保的意思是切實保持或保證」來反駁正方的論點。

　　通過上述例子，我們可以看出，當我們需要對對手的論點進行反駁時，我們首先要了解對方論點的核心所在，並進行分析，找到最薄弱的地方進行反擊。正如上面提到的大專辯論會上的辯題，如果反方的反駁點是「快速增長」，提出「不能確保快速增長」的反駁，在另一層面上相當於肯定了「外來投資能確保增長」這一點，整個反駁就會變得缺乏力量。

反駁來自對手的批判

　　Oliver 和 Lara 就「水培蔬菜一定是未來最有潛力的蔬菜」的辯題展開了辯論。Lara 是正方，支援這個觀點，認為「水培蔬菜具有無公害、無污染、無化肥的特點，一定是未來最有潛力的蔬菜」。而 Oliver 作為反方提出批判：「水培蔬菜必須要在自然水的基礎上添加大量的營養液才能培育出成熟蔬菜，根本就不是無公害、無化肥。」但當 Oliver 的論點出來的時候，Lara 就反駁 Oliver：「營養液不等於化肥，其成分和自然土壤相近。」

　　在辯論過程中，對手難免會對我們的論點或論據進行批判，以此來攻擊我們的立論。正如 Oliver 質疑 Lara 對水培蔬菜的定義一樣，我們可以看到這些批判背後的意義，在於對方

對我們的立論提出質疑,所以有效的反駁相當於強而有力地回應這些質疑。基於這一點,我們首先要找到對方批判的關鍵是甚麼,並且要能提出客觀數據或者過往案例以支持我們的觀點,就像 Lara 一樣,以水培營養液的具體成分組成反駁 Oliver「根本不是無公害、無化肥」的批判。

⠿ 反駁對手論點中的計劃 ⠿

除了論點和支持論據之外,**如果對方的論辯內容中包括實施計劃,那麼計劃也可以成為我們反駁對方的突破口。**

在公司每月的例會上,Oliver 提出了「創建送貨上門服務,開拓散客市場」的想法,並就此制訂了一系列的計劃,包括批發費用、應用程式開發、借助大數據平台給潛在客戶發送推送消息等,計劃在其他人看來十分詳細,可操作性也很強。但 Lara 就 Oliver 的提議進行了反駁:「可是我們沒有專門的 IT 部門,我們部門的人也沒有會應用程式開發和大數據分析的,我覺得可行性很低。」Lara 的話一出,大夥兒又覺得 Lara 的話十分有道理,於是對 Oliver 的計劃重新審視了一番。

從 Lara 和 Oliver 的辯論中我們能看出,想要就對方的計劃進行反駁,首先,可以思考和分析對手提出的計劃之實施主體是否具備完成這項計劃的能力。這是最基礎的一點。一旦主

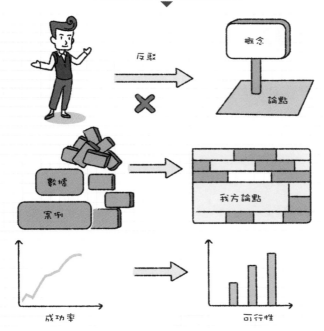

有效反駁的三大方向

概念

反駁

論點

數據

案例

我方論點

成功率

可行性

體不具備這樣的能力，那麼整項計劃的可行性已經大打折扣。

其次，我們可以看看計劃的可行性。也就是説「有多大可能真的能實施完成這個計劃」，一旦我們發現對方的計劃過於理想化，忽略了很多現實影響因素，甚至有點天馬行空，那麼我們可以直接就可行性這一點進行反駁。

再次，就是風險和成效的預測和評估了。還是以 Oliver 的

提議作為例子，一直從事專業批發業務的公司開拓下遊業務，花大功夫拉攏家庭散客，是否符合企業發展規劃？其投入和收益是否成正比？畢竟送貨上門的服務限制了業務必須在同城內進行。而且，散客對品種多樣化的需求比專業批發供應要多，會不會對公司的蔬菜庫存和損耗產生影響？這些都是可以針對其風險和成效進行反駁的切入點。

職場筆記

　　在辯論中對對方進行反駁的技巧有很多，具體的反駁內容需要根據辯論內容尋找。但無論是採用哪種方式進行反駁，我們都可以從反駁對方論點、反駁來自對方的批判，反駁對方論點中的計劃這三個層面進行思考，看看對方在這三個層面中哪一個環節存在較大的漏洞，就可以有針對性地對其進行反駁。

透過辯論培養 職場交涉能力

TIPS!

> 不是每一次交涉都是一場辯論，但養成辯論思維有利於提升交涉能力！

辯論有很多種，除了辯論賽之外，在日常工作和生活中，辯論也是經常用到的一種技巧。它指的是當雙方對某個議題提出不同意見的時候，通過說明事實、講解道理來互相說服，比如與同事開會討論、與客戶討論項目等。這是一個使對方接受己方意見的人際溝通過程，貫穿於我們的日常生活和工作之中。

辯論思維有助於提升解決分歧的能力

Oliver 和 Lara 要合作完成庫存清點的工作，Oliver 認為，可以直接在系統上比對當時的進貨量，再統計之後的出貨量，即可得出庫存。而 Lara 則是實幹派，她更喜歡眼見為實，所以希望親自到倉庫進行清點。Oliver 則不認同 Lara 的觀點，

於是對 Lara 的想法提出了反駁：「我明白你的想法，但如果所有清點都必須逐一實地點算，那麼我們的統計系統豈非形同虛設？」聽到 Oliver 的反駁，Lara 也認識到了自己想法的狹隘性，接受了 Oliver 的意見，和他一起完成了清點庫存的工作。

在上述例子中，Oliver 的反駁直接指出 Lara 忽略了「統計系統本身就是為統計進貨、出貨、庫存、在運等各種數據而設的」。這種有力的反駁，揭示了 Lara 主張的非理性成分，能很好地縮短雙方各自爭取對方支持而展開的商討，而且更能讓 Lara 信服。

養成通過辯論解決問題的習慣

辯論往往假定很多事物具有不確定性，或會隨着形勢改變和時間流逝而改變。這些類似的非絕對性事物難以通過現有知識和現實情況進行量化。

比如在我們日常與客戶的交涉中，經常會就「這個項目市場前景可觀與否」的議題進行討論。面對未來市場前景等內容，我們難以在當下做出具體的預測。那麼，在「未來市場到底會如何」這樣的議題下，辯論思維就能幫助我們與對方展開論辯，並通過論據、論證的陳述，讓對方認可我們「未來市場情景可觀」的主張。

在交涉中樹立接受挑戰的意識

　　無論是與上司溝通、與同事商議，抑或是跟客戶洽談，日常生活和工作中的交涉都不可能一帆風順，我們總會經受對方的質疑、反駁甚至批判，在這些過程中，**我們還要主動進取，爭取讓對方接受我們的主張。**

辯論有助於提高我們的交涉能力

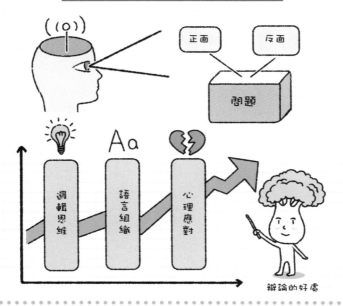

正面　反面

問題

邏輯思維　語言組織　心理應對

辯論的好處

因此，正如前文所提及的，坦然地接受交涉所帶來的挑戰是非常重要的。在這一點上，辯論思維和技巧能起到很好的幫助作用。因為辯論不是我說給你聽，問你是否同意我的說法那麼簡單。如果只停留在單方面意見徵詢或陳述、勸說的層面，那這種溝通只能算演說、說服，不能被稱之為辯論。

辯論是一個雙方爭辯、互相制衡和壓制的過程，**在日常生活中樹立辯論意識能幫助我們提高面對質疑、駁斥甚至批判時的心理應對能力，能幫助我們養成隨時應對批判，並快速理順思路，提起己方反駁的思維習慣。**總而言之，由於辯論能全面體現和提升一個人的邏輯思維、語言組織、心理應對能力等多方面的能力，所以將辯論融入日常之中，能有效提高我們與他人就異議進行溝通、說服，並且有助於我們逐漸形成通過辯論解決爭議的意識，避免無謂的口舌之爭。

最後，就是心理層面的助益，長期參與辯論或樹立辯論意識能提升我們接受挑戰的能力，讓我們在交涉中能更快、更好地做出反應。

 **課 後 作 業**

基本

辯論能綜合體現和提升一個人的邏輯思維、語言組織、心理應對能力等多方面的能力。

活用

在日常工作中，要善於利用嚴密的邏輯、明確的觀點及得體的行文，通過人際辯論，以理服人，讓交涉順暢推進。

職場交涉小測試
Ready? Go!

現在來測一下你的職場交涉技能吧！

跟着職場新人 Oliver 和 Lara，從職場交涉的不同場景中，練習掌握更好的職場交涉技能吧！萬事開頭難，勇敢走出第一步，你會逐漸掌握職場交涉技能的要訣。

我們先來假設你是 Oliver

時光飛逝，你在蔬菜公司入職已經三個月了。

某天下午，王主任叫你去了他的辦公室。告訴你下週由你代表公司和 A 公司的相關負責人進行一筆訂單的業務交涉。這是你第一次獨立與其他公司進行業務交涉，你有信心完成嗎？

壓力很大，信心不足，一次交涉經驗都沒有。	→ **20**
冷靜想對策，還有一週的準備時間。	→ **17**

● **2** ●

你確定要接受對方提出降價2%的要求嗎？可是，公司這次的目的是推廣春筍，並不是提高它的銷量呀，小心掉進對方的「陷阱」而忘記自己最初的目的。

P.29　Lesson 4　為甚麼一直讓步？警惕錨定效應

自己這麼注意還是忘記了錨定效應，下定決心一定要熟知交涉技能，在下週的交涉中一定要大顯身手！　　　　　　→ **18**

● **3** ●

失敗並不可怕，可怕的是你把一次失敗當作最後的結果，從而失去改變結果的勇氣。做好交涉失敗的準備，提前做好預防措施，會讓你在交涉過程中更加坦然、自信。

P.55　Lesson 8　做好交涉失利的打算

交涉失敗有很多原因，倘若你提出的條件無法打動對方，這個時候你該如何是好呢？

P.103　Lesson 16　讓對方走進你的預設框架

看完上面這篇文章，相信你已經知道應該做好「Plan B」以及各種可能出現情況的方案，可以讓自己的交涉計劃更富有「彈性」。　　　　　　　　　　　　　　　　→ **4**

●——— **④** ———●

同事 Emily 有過幾次和大公司交涉的經驗，所以你邀請 Emily 幫助你模擬交涉的全過程，Emily 愉快地答應了。你在交涉前就放出了「我一定要拿下這筆大訂單」的豪言，以致在交涉剛開始的時候，你就將這種心態表露無遺，一直賣力地宣揚己方的優點：
「我們的價格真的很優惠，您簽了這筆絕對不會後悔。」「我們公司真的有很大優勢。」「您就不要猶豫啦。」……
「好了好了！」Emily 無情地打斷了喋喋不休的你，「你這麼做是不對的。」
你認識到了自己剛剛的做法有甚麼不對嗎？

並沒有，我覺得我自信的談吐，展示了我們公司的優勢。 → **10**

我覺得自己太緊張，沒有將語言組織好。 → **24**

●——— **⑤** ———●

綵排模擬繼續進行，這次 Emily 又提出一個難題：「不知道貴公司在物流方面有沒有改進呢？去年就是因為物流服務不夠好，部分蔬菜被壓傷、腐爛，導致賣不出去，給我們造成了不小經濟損失。我們的顧客也向我們投訴，次數過多會對我們的品牌信譽造成負面影響的。」
你會怎麼回答 Emily 的這一問題呢？

因為蔬菜本身的問題，在運輸的過程中的損傷無法避免，我們公司也無能為力啊。 → **15**

我們公司的物流部門已經準備了應對方案，其他部門也在協助物流和包裝的問題。 → **9**

⑥

Emily 在綵排中又給你拋出一個問題：「現在都宣導『綠色無公害蔬菜』，顧客們對蔬菜農藥殘留等方面都有高要求，不知道你們公司能否達到顧客的要求，並且讓顧客相信你們的產品是綠色無公害的呢？」

面對 Emily 提出的新問題，你的回答是：

交涉這一方會不會太嚴格了？要求太多而且很為難人。現實中的交涉方應該不會這麼為難吧？　　　　　　　　　　→ **19**

公司的產品是經過綠色食品認證的，在品質上絕對有保證。如果對方還不放心，我們可以將公司蔬菜抽樣，進行蔬菜農藥殘留檢測，並且給他們一份檢測報告。這不僅是讓對方放心與我們合作，也是對每一位購買我們蔬菜的顧客負責。我們希望解答合作方向我們提出的各種疑問，以換來長久的合作關係。　　　　　　　　　　　　　　　　　　　　　→ **22**

⑦

新的一天又開始了，自從昨天被王主任指派了新的任務之後，你就一直提心吊膽，害怕自己不能出色地完成任務。Kiko 看着你一臉不開心，連忙問道：「最近是身體不舒服嗎？怎麼老是愁眉苦臉的？」

你向 Kiko 傾訴道：「哎，王主任讓我下週和 A 公司進行一場業務交涉，因為是第一次參加，現在不知道應該從哪處做起，你有甚麼好建議嗎？」

Kiko 告訴你：「現在的你應該試想一下，你能為接下來的交涉做些甚麼準備工作？」

Kiko 的一席話，讓你恍然大悟：

應該先了解交涉另一方的情況。 → **21**

現在對「交涉」是甚麼都不太懂，不知從何做起。 → **23**

8

Kiko 問道：「那麼辯論和交涉到底有甚麼聯繫呢？」
博士告訴你們：「辯論的精髓在於『辯證思維』，在交涉的過程中，問題隨時都有可能出現，這個時候就需要我們辯證地看待問題。」
關於「辯證思維」你是如何理解的呢？

似乎很多衝突也是由「辯證思維」，導致的，因為對方希望聽到我方的一些意見，但是如果一直在思維上與別人周旋，難免會導致雙方衝突的發生。 → **14**

交涉之中，倘若沒有辯證思維，自然就不會有對對手觀點的分析和判斷力了。 → **27**

9

Emily 微笑着說道：「嗯，真的很不錯哦。這樣的回答讓我感受到了你們公司負責任的態度。你要知道，你所代表的絕不僅僅是你自己，你代表的是整個公司的形象。」
沒錯，現在的你代表着公司這一個龐大的團體，許多工作都需要團隊協作來完成，所以，你還應該了解一下團隊協作應該注意些甚麼。

現在你應該明白團隊力量的重要性了，在交涉過程中，體現你所在團隊的專業素質和良好信譽，會讓對方對雙方的合作更有信心。相信你會更有信心應對 Emily 接下來拋出的問題了。 →

Emily 告訴你：「交涉是一個雙方溝通的過程，你一個人喋喋不休，會完全不給他人開口的機會。雙方毫無互動，連基本的交涉局面都沒有打開，你也無法得知對方的意願，這樣的交涉能成功嗎？」你此時才恍然大悟，你想到了書中曾經說過的：

過於急切地表現自己反而是不自信的表現，也會讓交涉對方看到你的弱點。你現在是否悔恨不已？盲目自信和固執己見會帶來很大的危害。聽完 Emily 的意見，帶着反思態度的你繼續綵排。 →

Dr. Benjaman 詢問你最近的工作近況，你開心地跟 Dr. Benjaman 說道：「上次經過 Kiko 的提示，在了解了對手的情況，明白了此次交涉雙方的主要目標後，感覺可以自信地上『戰場』了！」
「你以為這樣就夠了嗎？要想在交涉過程中運籌帷幄，你還需要準備很多東西。現在的你還只是掌握了點兒皮毛，萬一你交涉失敗了怎麼辦？」Dr. Benjaman 提出了一個新問題。
這時，你想到了甚麼？

即使失敗，也要準備萬全的應對策略，失敗不是終點。 →

充足的準備讓失敗的概率降到最低。 → 26

Emily 繼續問道：「我們看了你們的蔬菜報價之後，覺得你們春天限量供應的春筍實在是報價太貴，請問你們這邊能降價 10% 嗎？」

「降價 10%？這是絕對不行的，我們的春筍都是產地直供，給你們的價格已經是最優惠的了。」

「那就降價 2%，你覺得怎麼樣？我們準備進貨一百斤呢。」聽到這個回答，你的反應是：

同意對方降價 2% 的要求。 → 2

春筍是春季特別限量供應的商品，不接受對方降價 2% 的要求。 → 16

辯論並不是「鑽牛角尖」，辯論也有其基本的規則和要求：

P.148 Lesson 22 辯論的基本規則

在交涉的會議中，你一定希望自己能瀟灑、儒雅、沉穩地應對對方給你提出的各種難題。那麼如何反駁對方觀點也值得你去學習。

辯論有很多技巧，但也不能只依靠技巧。完善的事前準備、豐富的知識儲備、完備的邏輯思維能力都是你該具備的，那麼辯論和交涉之間到底存在甚麼聯繫呢？ → **8**

●────── **14** ──────●

衝突不一定是由於辯證思維導致的，意見對立並不直接等於衝突。現在，你應該認識一下甚麼是衝突。

衝突出現時，我們不能逃避。交涉中發生衝突是一件很正常的事情，習慣衝突並試着化解它，並力爭將這個麻煩變成一次機會。

衝突並沒有你想像中那麼可怕，通過學習應對這些問題的解決方法，克服心理上的難關，相信你在面對交涉過程中產生的衝突時，會從容自信，應對自如。

透過這個測驗，希望你能更了解交涉！

●────── **15** ──────●

「你確定要這樣回應對方嗎？」Emily 聽到你的回答似乎很不滿意，「你這樣做不僅讓問題得不到解決，反而會讓對方覺得你在敷衍他。」

那麼，應該如何應對對方提出的問題呢？

巧妙地回答問題也是一門藝術，下面繼續你與 Emily 的綵排吧！ → **6**

16

恭喜你，沒有進入錨定效應的圈套，現在的你對交涉已經有了一定的了解。這次和 Emily 綵排用了兩個小時，那麼，在下週的交涉中一定要注意時間的控制！另外在交涉完成後，一定要注意把交涉中約定的事宜落實到合同中，讓這一次的業務交涉完美結束。

P.108 Chapter3 Tips! 交涉後期的注意事項

結束了和 Emily 的綵排之後，收獲了許多從實踐得來的交涉經驗，鄭重地感謝 Emily 的指導。 → **18**

17

很好！你沒有因為焦慮而失去理智。現在開始着力為下週與 A 公司的業務交涉備戰吧！首先我們一起來學習交涉的最基本的知識，揭開「交涉」的神秘面紗吧！

P.19 Lesson 2 對交涉的誤解

P.24 Lesson 3 職場交涉的基本原則

讀完「職場交涉的基本原則」這一節後，相信你已經認識到「邏輯思維」在交涉中的重要作用。那麼，如何將邏輯思維有效運用

在交涉中呢？

P.38 Chapter1 Tips! 活用邏輯思考為交涉帶來成功

學會邏輯思維在交涉中的運用方法後，還有更多的交涉小妙招
等着你去發現和學習。→ **7**

 18

我們再來假設你是有點害怕 和人爭論的 Lara ！

午餐時間，你看到 Dr. Benjaman、Oliver 和 Emily 坐在一起，似乎
在討論甚麼問題，你好奇地湊了過去。Dr. Benjaman 詢問你：「我
們在討論一些有關辯論的知識，要加入我們嗎？」你很開心地加
入了他們的討論行列。

博士說：「很多都說辯論是一個鬥口才的活動，就是看誰說得快。
但是真實、專業的辯論真的是這樣嗎？」

那麼，你對於「辯論」有甚麼樣的見解呢？

辯論可不是那麼簡單的「看誰的說話伶俐」，因為辯論是有關你
對問題的理解分析能力及你的語言表達能力，對於問題的快速
分析是很重要的。→ **25**

辯論確實有點「愛鑽牛角尖」的感覺，因為要一直反駁對方的
觀點，所以就必須「攻擊」對方論點中的字眼，邏輯反而顯得
沒那麼重要了。→ **13**

● 19 ●

如果你覺得，這是對方在故意為難你，那你可要小心了。因為這些點很可能是這次合作能否成功的關鍵點，也可能是你疏忽的地方。你應該反省一下是不是自己對客戶的合作要求了解不夠全面。有的時候你「覺得」和客戶之間只需討論價格方面的問題，其實他們也是有提出更多要求的可能性的，這個時候就需要你調整態度：

P.130　Lesson 20　調整態度之二：降低期望值

另外，一旦在交涉的過程中發生了衝突，不僅要冷靜面對，還要正面處理這些衝突：

P.119　Lesson 18　應對衝突的良策

P.140　Chapter4 Tips! 解決交涉中衝突的小技巧

交涉就像下棋，雙方的交鋒在所難免。面對衝突是「迎戰」還是「迴避」，取決於你對衝突的基本判斷。所以，在交涉之前就做好各種打算顯得更加重要了。又解決了一個在交涉過程中會產生的問題，你繼續與 Emily 綵排。　　　→ 12

● 20 ●

沒有經驗會緊張是再正常不過的事情，有壓力也是不可避免的，但是不能被壓力壓垮。讓我們學習一下如何正確地看待交涉前的壓力。

P.14　Lesson 1　面對交涉有壓力？

只要努力將壓力轉化為動力，將負面影響轉化為正面影響，交涉前的壓力也會帶來正面效應。現在的你可以帶着滿滿的信心着手交涉前的準備工作了。　　　　　　　　　→ 7

●───────────── 21 ─────────────●

太棒了！你已經意識到了「知己知彼百戰不殆」的重要性。那麼具體實施時應該怎麼做呢？看看這裏：

P.33 Lesson 6 把握現狀，了解對手

了解對手以後，我們就要學會分析對手。現在學習一下如何通過圖表分析和歸納，看一看你和對方的差距在哪些地方。確定目標後，朝着你期望的目標前進吧！

P.51 Lesson 7 設定交涉的目標與計劃

在完成「了解對手」這一非常重要的步驟之後，面對接下來的交涉你更有信心了。　　　　　　　　　　　→ 11

●───────────── 22 ─────────────●

「這樣的回答真是太棒了！」Emily 不禁誇讚你。你巧妙地運用了條件交換，用「蔬菜農藥殘留檢測」來交換「長久的合作關係」。其實，有的時候對方拋給你一個難題，我們不需要過於急着去解決這個難題，而是想着如何巧妙地將這個難題進行轉換，運用「條件交換」就是一個不錯的辦法：

P.83 Lesson 12 交換條件的風險與好處

雖然交換條件是很好的「利器」，但是我們也要理性地看待交換條件，慎重思考用甚麼樣的條件與對方交換才是可取的。另外，在條件這一選項上，你還可以花更多的心思：

P.88 Lesson 13 製造有創意的選項

適當地製造一些「小心機」，讓條件看上去更有誘惑力，會提高合作的成功概率。繼續你的綵排吧！　　　　　　→

23

其實交涉並不是甚麼困難的事情，其本質是一個動態的交流過程。那麼一場成功的交涉具體包括幾個階段呢？

P.72 Lesson 10 成功交涉的三個階段

在交涉過程中，掌握一些基礎的辯論知識非常重要。

P.148 Lesson 23 辯論所需的各種能力

看完之後，是不是覺得交涉也並非難事？但是如何獲得這些能力呢？　　　　　　　　　　　　　　　　→

24

Emily 並沒有正面批評你，反而委婉地告訴你：「你想讓他人了解想法沒有錯，但是你的言行舉止的確給人一種想要將自己的理念強加給他人的感覺，這會導致交涉的另一方對你產生抵抗情緒甚

至敵意。」

因此，你需要學習一個更加合理且實用的交涉方法。

P.93　Lesson14 讓對方準確理解己方要求的方法

「原來之前的做法不僅沒讓 Emily 理解我的想法，反而讓 Emily 對我產生了敵意。幸好在交涉之前就發現了這一關鍵性問題。」你在內心不禁感謝 Emily 幫你發現和解決了這一問題。你繼續和 Emily 進行排練。 → 5

沒錯，辯論不僅僅是「鬥嘴」這麼簡單，它考驗的是你的綜合能力。現在讓我們對辯論所需要的能力進行一次全方位的了解吧。

P.154　Lesson 23 辯論所需的各種能力

P.159　Lesson 24 讓你的立論熠熠生輝

學習了如何立論，明確自己的主張，在交涉過程中更能把握住話題走向，將這一場交涉控制在自己的節奏中。繼續回到和大家的討論中去吧。 → 8

「實踐是檢驗真理的唯一標準」，這句話放在交涉中，就是說你與其閉門造車想像自己的想法是否合理，不如綵排一下，也許能夠發現更多沒有想到的問題。因此，場景模擬綵排必不可少。將你對交涉對手所了解的資訊整理好，是綵排前的重要一步。

P.60　Lesson 9　準備好紙本資料

準備好紙本材料之後，就可以找有過交涉經驗的同事，一起進行雙人場景實操綵排啦！

P.65　Chapter2 Tips! 交涉前的綵排

綵排過程是否不如你預想的順利呢？無法打開交涉的局面？遇到突發問題找不到對策？這是之前無論做多少的功課都無法預知的。所以，你需要勇敢地排除由自身的主觀帶來的障礙。

P.77　Lesson 11　從自身出發為交涉排除障礙

下面我們進入綵排，看看遇到一些具體的問題我們應該如何運用所學的知識來解決。　　　　　　　　　　　　→ **4**

沒錯，在交涉過程中，辯證思維是先決條件，但學習另外一些思考方法也會對你有所幫助：

P.33　Lesson 5　善用演繹法為交涉「抽絲剝繭」

P.154　Lesson 23　辯論所需的各種能力

我們要用辯論思維應對交涉中的問題，樹立挑戰意識：

P.171　Chapter5 Tips! 透過辯論培養職場交涉能力

相信經過越來越多的交涉，你一定能從實踐中不斷積累經驗，最終形成具有個人特色的交涉風格！希望這測驗能令你的交涉能力有所提升！

透過這個心理測試，
了解自己的交涉能力！

職場法則系列

超圖解
談判術

速溶綜合研究所 著

		出版
責任編輯	朱嘉敏	非凡出版
裝幀設計	謝祖兒、霍明志	香港北角英皇道 499 號北角工業大廈 1 樓 B
封面設計	謝祖兒	電話：(852) 2137 2338　傳真：(852) 2713 8202
排　　版	時潔	電子郵件：Info@chunghwabook.com.hk
印　　務	劉漢舉	網址：http://www.chunghwabook.com.hk

發行

香港聯合書刊物流有限公司

香港新界大埔汀麗路 36 號

中華商務印刷大廈 3 字樓

電話：(852) 2150 2100　傳真：(852) 2407 3062

電子郵件：info@suplogistics.com.hk

印刷

美雅印刷製本有限公司

香港觀塘榮業街 6 號海濱工業大廈 4 樓 A 室

版次

2019 年 10 月初版

©2019 非凡出版

規格

184mm x 130mm

ISBN

978-988-8573-92-9